河出文庫

井村雅代　不屈の魂

川名紀美

井村雅代　不屈の魂

目次

目次・扉デザイン：TYPEFACE

井村雅代　不屈の魂

第一章

日本復活

プレゼント

二〇一六年三月五日。

ブラジル・リオデジャネイロのマリア・レンク・アクアティクスセンター上空には青く高い空が広がっていた。八月に開催されるオリンピックへの出場をかけて、シンクロナイズドスイミングのチーム競技最終予選会が開かれていた。

エントリーしているのは日本、ウクライナ、スペイン、カナダ、イタリア、フランス、チリの七か国。オリンピックにチームで出られるのは八か国だけだ。五か国はすでに決まっているから、この予選会で五輪の切符を手にするのは七か国のうちの三か国となる。

予選とはいえレベルの高い五輪の常連国が繰り広げる熾烈な戦いである。観客席では地元の人々が陽気におしゃべりしながら見守っていた。

この日の競技はテクニカルルーティン。ルールで決められている八つの要素をどれだけ正確にこなせるか、技術力を競う。芸術性に重きを置いて自由に演技を行うフリールーティンより日本が得意としてきたものだ。

演技の順は、くじ引きで決めるが、日本は、一番を引いた。人間の心理は不思議なもので、最初から思い切りのよい点を出す審判員はめったにいない。そのため、誰もが一番手をいやがる。

開会宣言のあと、異変が起きた。それに気づいた者は少なかったが、いきなり日本チームの名前が呼ばれたのだ。八人の選手たちが、元気に笑顔で姿を見せ、陸上動作でポーズを決めた。ピンクと蛍光色の黄緑とに染め分けられたポップな柄の水着が小麦色の肌を引き立てる。

演技のテーマは「弥栄日本《いやさか》」。五輪の前哨戦ともいえる二〇一五年夏の水泳世界選手権ロシア・カザン大会で銅メダルを取ったルーティンだ。オリンピックでもメダル奪還を目指して、当時から一段と難易度を上げ、磨きをかけてきた。

「たあーっ！」。威勢のいい掛け声と共に、選手が次々とプールに飛び込んでいく。最初のジャンプが見事に決まった。和楽器をベースにした、日本らしさと現代風のリズムが溶け合う音楽には、「えいっ！」「おうっ！」と、鋭く短い掛け声が随所に入る。その掛け声の効果か、演技のメリハリが際立って見える。掛け声は、いまの選手たちとアテネ五輪で銀メダルを取った選手たちの声を重ね合わせて吹き込まれている。過去の栄光を担った選手からも力をもらえるようにという思いからだ。

鋼のような十六本の足は、斜めの微妙な角度でもよくそろい、世界選手権のときより技術が向上しているのは一目瞭然だった。「一位で予選通過」を合言葉に、半年間、精進を重ねた賜物《たまもの》だ。

「やあーっ！」の結びのひと声で、日本チームは力強く演技を終えた。プールサイドで選手たちを迎えた井村雅代《いむらまさよ》ヘッドコーチは笑顔だったが、心の中では不審と怒りが渦巻いていた。

日本の点数は92・0997。電光掲示板に映し出された各審判員たちの点数は、井村が危惧した通り、高い点と低い点の間に大きなばらつきが出た。小数点以下二桁や三桁の点数を競う競技で、一点近い差がついたのだ。通常は起こりえないことだ。中には、目を疑うような低い点数を出した審判員もいた。

シンクロの試合では、出場順一番の選手たちの前に、プレスイマーが泳ぐ決まりになっている。採点機器や電光掲示板、音響機器などが支障なく動くかどうかを確認するだけでなく、審判員の採点基準を調整する重要な役割を負っている。チーム競技は、多くの場合、地元のクラブチームがプレスイマーを務めている。審判員たちはその演技に点数をつけ、採点基準のばらつきを修正したのち試合本番の採点に臨む。ところが、日本は点数調整の機会がないまま泳ぐはめになったのだ。プレスイマーが付かないことを知らされたのは、わずか一日前である。

おかげで二番手のスペインも割を食った。日本の点数が低く抑えられたせいで、スペインの点数もまた実力より低く出た。採点が徐々に正当なものに修正されたのは、後半からである。

ライバルのウクライナは有利な六番目に登場した。テーマは「ＴＳＵＮＡＭＩ（ツナミ）」で、選手の水着には緑色の逆巻く波が描かれている。手足の長い、長身の選手たちは、ノリのいいテクノ風ダンスミュージックに乗って、生き生きと演技した。無機質な音楽に、途中から男性の声でラップが入る。

反逆者の気分

銀も金もある、メダルなんていらない

「ＴＳＵＮＡＭＩ」と聞いて「五輪のテーマにそれはないよな」と井村は思った。「ＴＳＵＮＡＭＩ」の原曲は、二〇一四年ごろにイギリスや北ヨーロッパでヒットチャート一位にもなった若者向けのダンスミュージックだという。ラップの歌詞からは大国に翻弄されるウクライナの複雑な心情が透けて見える気がした。

点数は92・2855。テクニカルルーティンでは首位の座をウクライナに奪われた。日本にとって、事実上のライバルはウクライナである。世界選手権カザン大会で、日本は、それまで負け続けていたウクライナを下し、ロシア、中国に次ぐ順位をもぎ取った。三位の実力を揺るぎないものと世界に認めさせるためには、予選を一位で通過することが欠かせない。

井村はこれまで悔しさや怒りを燃料にして、前へ前へと進んできた。テクニカルで二位となった悔しさは、フリールーティンで高得点をたたき出して晴らすしかないと胸に誓った。

六日のフリールーティン予選が、できたばかりの演技のお披露目となる。世界選手権カザン大会が終わるとすぐに、一年後に迫ったリオ五輪のための新しいフリールーティンづくりに取りかかり、精度を高めてきた。

「日本の文化は価値が高まっている。いまや世界のあこがれの的です。それを利用しない手はないからね」

幾度も五輪を共に戦ってきた作曲家、大沢《おおさわ》みずほに託した曲は「日本的で、かといって重すぎず、観客がのってくれるもの」。オリンピックはお祭りだ。開催地は、カーニバルに沸くリオである。深く味わい、考えさせるような曲やテーマは似合わない。

大沢はこれまでに十五の曲を日本の選手に提供し、そのすべてがメダルを取った。真っ先に思い描いたイメージはライジングサン。強い日本の復活を告げる、輝く夜明けの到来だ。

ピアノに向かって曲作りを進めるうちに、大沢の頭に光をつかさどる天照大神《あまてらすおおみかみ》の神話が、ふと浮かんだ。天岩戸《あまのいわと》に隠れた天照をあの手この手で引っ張り出すと、この世に再び光が戻ったように、日本チームもまた光に包まれる……。

最古の楽器といわれる太鼓を中心に、笛や鼓、オーケストラも加えよう。泳ぐのは現代の若い女性たち。途中にラベルを思わせるような、あるいはプロコフィエフ風の、前衛的なピアノのメロディーを作曲して入れ込んだ。この新しい曲を、井村はたいそう気に入った。

フリーはくじ運がよく、日本は最後の出番を引き当てた。

一番手のスペインの演技の前に、地元のクラブチームがプレスイマーとして演技をした。プログラムが正常に進行していく。六番目に登場したウクライナは、テクニカルとはうって変わった優雅な泳ぎを見せた。ゆったりと流れる曲が、やがて切迫した早いリズムを刻み始めると、柔軟性を生かした高いジャンプやリフトを矢継ぎ早に繰り出した。

日本チームは真っ赤な太陽の光を表す矢のような鮮やかなデザインの水着だ。一人ひとりが天照大神さながらに、青い空と青い水を背にしてすっくと立つ。

テンテン、テンツクテンテン、ツクテンテン……。

相撲の寄せ太鼓に乗って、演技が始まった。冒頭二人が続けざまにジャンプする。大成功だ。和楽器が奏でるジャズのリズムに導かれて高く飛ぶジャンプ、体を横にしたままのジャンプなど、見せ場が次々訪れる。中でも目を引いたのが拍子木に合わせて水中からゆっくりとせりあがってくる新しいリフト。多彩な技で観客を楽しませた。

電光掲示板に表示された点数は94・6333。一つ前に泳いだウクライナより高い。井村は思わず両手を突き上げ、万歳をした。そんな姿はめったに見せない。それほどうれしかったのだ。

しかし、勝敗はテクニカルルーティンとフリールーティンの合計点で決まる。ウクライナを0・0525点下回り、二位での出場権獲得となった。

一位通過を目指してきただけに、悔し涙を流す選手もいた。しかしフリールーティンを得意とするウクライナにこの種目で勝ったことは一筋の光明だった。

三位は大健闘のイタリア。五輪の常連だったスペイン、カナダは姿を消した。

すべての競技を終えると井村はプレスイマーが泳がなかったことをＦＩＮＡ（国際水泳連盟）幹部に抗議し、正当な評価ができる審判員の育成を強く求めた。そういう行いのせいで日本への心証が悪くなる恐れがなくはない。が、たとえリスクを負ってもおかしいことはおかしいと言うのが井村の生き方だ。

いまブラジルの政治状況は深刻だ。世界恐慌以来の経済危機に陥って、ルセフ大統領の退陣を求めるデモが頻発している。予選会はそんな空気の中で開かれた。地元クラブの強化もままならず、高度な技術が求められるテクニカルルーティンで、プレスイマーの演技の仕上げが間に合わなかったのだ。

けれども、いずれの国もオリンピックへの出場をかけてぎりぎりの努力を積み上げ、この場に立っている。その事実を軽んじられてはたまらない。

シンクロの五輪種目はデュエットとチームの二種目で、出場できるのはデュエットが二十四組、チームが八組である。日本のデュエットは、すでに出場を決めていた。

出場チームはオリンピック精神にのっとって、五大陸一位の五か国プラス三か国と決められている。シンクロは前年の世界選手権カザン大会が五輪の予選を兼ねており、開催国のブラジルと、ロシア、中国、オーストラリア、エジプトが各大陸一位で出場を決めた。

日本は銅メダルを取ったにもかかわらず、予選を勝ち抜かねばならなかった。このところアジアナンバーワンの座を中国に明け渡しているからだ。

だが、予選に出るのは悪いことばかりではない。五輪本番と同じプールで泳ぐことは選手の不安を取り除いてくれる。

マリア・レンク・アクアティクスセンターは、観客席の上だけに屋根が設けられた屋外プールで、選手にとっては難敵である。晴れるとまぶしい日差しが目に飛び込んでくるし、体力も消耗する。風が吹けば倒立した足があおられ、まっすぐに保つことがむずかしい。目印にできる天井もない。

空間が広ければ広いほど、体格に恵まれた大型チームが有利になる。

二〇一五年の暮れに五輪のプールを自ら視察した井村は、年明け一月、グアムの屋外プールで一週間の合宿をした。国内での練習は、もっぱら室内プールで行っているが、どんな天候のもとでも泳ぎ抜く力をつけるためだ。予選会の直前にはサンパウロで屋外プールを借りて、やはり一週間の合宿をした。晴れていたかと思うと猛烈な降りになる南米の気候風土を肌で感じることができた。

音楽にも修正すべき点がみつかった。天井のない広い空間で、「天照大神」の冒頭を飾る寄せ太鼓の音色はいかにも線が細く感じられた。ここは「どーん」と天空に届く大太鼓に変えた方が迫力が増すだろうと考えたのだ。選手たちのメイクも日焼けした肌に合うような工夫が必要だった。

三月八日、予選会から帰国し、成田空港で記者会見を開いた井村は、プレスイマーがいないなど、アンフェアだった運営に怒りをぶちまけた。一方で二位だったことをポジティブに受け止めてもいる。

「あのテクニカルルーティンはウクライナに全然負けていない。世界選手権よりずっと上出来でした」

井村はスマートフォンを取り出して一枚の写真を見せた。倒立姿勢の八人の下半身はウエストより高く水面上に飛び出し、両足がまっすぐそろって空へと伸びている。

「一位で予選を通過してたら私のゆるキャラ軍団はすぐに油断したでしょう。二位での通過は、神様から私へのプレゼント」

少しもめげていなかった。


予選会まで十人で練習してきた日本代表チームの一人がはずれ、九人に絞り込まれた。五輪で泳ぐ最終メンバーの決定だ。

三月二十三日、予選会終了後、初めてとなる強化合宿が東京の国立スポーツ科学センターで始まった。ヘッドコーチの井村雅代は静かに、しかし、力を込めて選手たちに語りかけた。

「予選会でウクライナに負けた0・0525点を決して忘れたらあかん。今は耐えて、進歩していくことだけを意識しなさい。覚悟と集中の一日一日を過ごし、メダルを取ることだけを考えなさい。この数か月が勝負のときです。自分の人生が変わる。就職が有利になるとか、そんな話ではありません。人生の精神的な支えが変わる。日本の歴史を変えよう。

そのためには一人ひとりが自立すること。きびしければきびしいほど、自分を賭けられる。ウクライナに勝とうというより、さらに上のチームを見ていきなさい」

南アメリカ大陸初となるリオデジャネイロオリンピックは二〇一六年八月五日から二十一日まで開催され、二十八競技、三百六種目が競われる。シンクロナイズドスイミングは十四日に戦いの幕が開く。

メダル奪還に向けて、いつ何をするべきか、井村の胸には明確な計画表が刻まれている。これから先は一日、また一日と、計画通りの練習を積み上げるだけだ。

同志

井村雅代が十年ぶりにシンクロナイズドスイミング日本代表チームのヘッドコーチに復帰したのは二〇一四年四月のことだ。

まず手掛けたのは選手たちの肉体の改造である。うっすらと脂肪がのった全身の印象は丸く、とてもアスリートの体とは思えなかった。必要な筋肉も備わっておらず、懸垂をさせると二回でお手上げという者もいた。チームの平均はわずか三回。とても世界で戦える肉体ではなかった。

真っ先に浮かんだのは浅岡良信《あさおかよしのぶ》の顔だ。四面楚歌のなか中国へ渡ったとき、日本での理学療法士のキャリアを捨てて同行し、フィジカルコーチとして井村の傍らで中国選手を強くする手伝いをしてくれた。

国立スポーツ科学センター所属のトレーナーもいるが、中国チームを率いて二度のオリンピックを共に戦った浅岡なら、シンクロにどのような筋力が必要か、どこをどれくらい鍛えればいいか、知り抜いている。短期間で効果を出すにはどうしても彼の力を借りたかった。ともかく選手の体を見てもらおう。そう考えた井村は東京都内の整形外科クリニックに勤務していた浅岡に連絡をとった。

二〇一二年のロンドン五輪を井村とともに戦い終えて日本に戻ったあと、浅岡はシンクロから遠ざかっていた。

彼から見れば大きく精悍だった中国チームの選手たちに比べて日本の選手はあまりに小さく、余計な体脂肪がついていた。柔軟性を試してみると股関節や肩関節、肩甲骨周辺が特に硬く、これでは満足なパフォーマンスは望めない。井村の危機感も同じだった。日本チームのためにひと働きしてもらえないかと頼まれた浅岡は、その場で「やらせていただきます」と即答した。

井村ヘッドコーチと組んで日本のメダル獲得に貢献できるなら願ってもないことだ。そう思った浅岡は勤務先に二〇一四年三月をもって退職したいと申し出た。

しかし浅岡をフィジカルコーチにするには一つ問題があった。国立スポーツ科学センターにはすでに水泳担当のトレーナーがいる。別の誰かに頼みたくても給料がどこからも出ない。仕事を辞めて合流しようという浅岡の生活の保障をしなければならなかった。

井村は今度も島田病院の理事長、島田《しまだ》永和《ながかず》の力を借りることにした。島田は井村が中国に行ってからも、以前と少しも変わらぬ態度で接し、支えてくれる大切な友人だ。初めて中国に行き、選手たちの体づくりを担ってもらう日本人を探していたとき、浅岡を紹介してくれたのが島田であった。

井村の相談に対して島田が考え、ひねり出したのが浅岡を島田病院の職員として雇用し、シンクロ日本代表チームに派遣する、という案だ。さっそく病院の経営会議で検討されることとなった。

医療法人永広会島田病院は大阪府の南部、羽曳野《はびきの》市にある。もともとは島田の父親、永《なが》廣《ひろ》が一九五一年に設立した結核の治療と療養を専門とする病院であった。

整形外科医となった島田は、一九七九年に現在の場所で整形外科を開業した。大阪市立大学医学部附属病院整形外科に勤務していたころの恩師、故・市川宣恭《いちかわのぶやす》から学んだリハビリテーションに重きを置いた、スポーツ医学への貢献を目標に掲げた出発だった。

「整形外科は、骨折やけがによって欠けた部分を修復する手伝いをします。が、それだけではない。その人がその人らしくいられるよう、人生そのものをサポートするんです」

一人ひとりの患者に対して手術が必要かどうかを徹底して見極める。必要ないと判断すれば、動いて、すなわちリハビリで筋肉や関節を鍛え、可動域を広げながら治していく。手術をする場合は、できるだけ患者の負担が少ない方法で。術後は早期にリハビリを始めて、手術の価値を上げる。

しかし、三十数年前の医学界はリハビリより「けがをしたら安静」が主流だった。島田は町でギプスをした人を見かけると、「はずしに行きたい衝動に駆られた」と笑う。学会に提出した論文も、ことごとく無視された。それでも「動いて治す」島田のやり方は少しずつスポーツ界に共感を広げた。

きっかけは、近くにある大阪府立羽曳野高校のバスケットボール部の男子生徒がコーチに連れられて訪ねてきたことだ。膝の半月板を傷めて手術を受けたあと、足が弱ってバスケットどころではなくなっていた。島田が診察すると、手術はきちんと行われていたが、術後ずっと安静にしていたために運動に必要な足の筋肉が失われてしまったのだ。

男子生徒の願いは、単に歩ければいいということだけではない。再びバスケットボールができるようになることだ。島田はさっそく筋トレで筋肉を取り戻す治療に取り掛かり、生徒はやがてバスケットボール部に復帰した。これまでとはちがう治療の成果を目の当たりにしたコーチは、府内のスポーツ指導者たちに島田を次々に紹介し、いつのまにか、遠方からも、骨折やじん帯損傷、膝、肘、肩などのけがに悩むスポーツ選手が訪れるようになった。

一九八八年、三十七歳で医療法人の理事長に就いた島田は、父から受け継いだ病院をリハビリ重視の整形外科専門病院へと生まれ変わらせた。今では年に千六百件以上の手術をこなす。この間に、介護老人保健施設や在宅の高齢者を支える訪問看護、訪問リハビリなどの事業も開始した。さらに二〇一七年秋には医療と社会福祉サービスを提供する「はぁとふるグループ」として生まれ変わり、島田病院も「運動器ケア しまだ病院」として新たなスタートを切った。

井村との出会いは二〇〇〇年、シドニーオリンピックを目前に控えたころに遡《さかのぼ》る。腰を傷めた選手を診てほしいと、井村から直接、連絡があった。診察してみると、陸での リハビリは、かえって腰を悪化させる心配があった。水中で演技をするシンクロの選手には、重力に負けないような強靭な筋力が求められるわけではない。島田は、水に浮かびながらゆるやかに足を動かすなどして腰の状態を回復させる治療法を提案した。痛み止めの注射などに安易に頼らず、治療に水の力を借りる。その考え方に井村が共感した。これが縁で、井村シンクロクラブの選手たちを継続して診るようになった。

島田病院では、そのころからトップクラスのアスリートの支援にも乗り出した。ソルトレークシティー、トリノ、バンクーバーと三度の五輪に出場したショートトラックスピードスケートの小澤美夏《おざわみか》選手や、バドミントンの人気ダブルス、「オグシオ」小椋久美子《おぐらくみこ》・潮田玲子《しおたれいこ》らのメディカルアドバイザーを引き受けた。

ソルトレークシティー以来、島田は可能な限り自ら夏季、冬季双方の五輪会場に足を運んできた。戦っている選手たちのそばにいることを大切にしたかったからだ。

シンクロは、二〇〇四年のアテネ五輪で初めて間近でじっくりと見たが、競技のおもしろさや奥深さに驚いた。他の競技同様、人間の肉体と技術を極限まで駆使して美や力強さを表現し、音楽や水着などにも勝つための工夫が施された芸術スポーツだ。井村のプロデューサーとしての能力の高さには目を見張るものがあった。

スポーツ選手や指導者らとの交流が広がってくると、島田のもとには種々の相談事が持ち込まれた。

ショートトラックスピードスケートの二人の選手を物心両面で支援してもらえないか、という話が舞い込んだのは二〇一三年の春だった。ソチ五輪の強化選手でありながら、スポンサーがつかないために仕事に追われて練習に打ち込めず、苦しんでいるという。

頼られると断れない性格の島田は、二人の支援を決めて経営会議にかけた。病院の財政を預かる財務企画部総務部長の冨久川《ふくかわ》寛《ひろし》は、はじめは島田の提案に首をかしげた。

「私としては職員の給料を百円でも上げてもらった方がいい」

島田は簡単には引き下がらない。トップ選手にかかわることで、治療のノウハウを蓄積できれば、医療スタッフの力量が上がる。そうなれば治療の困難なけがを抱えた選手たちが来てくれるようになり、スタッフの質をさらに高めることができる。

「メリットは、掘り起こせる」

島田は力説した。

その年の五月、島田病院はスケート部を新たに設け、二人の選手に職員としての給料と遠征費用などを提供するスポンサー契約を結んだ。病院所属のトレーナーが二選手の監督らと情報交換しながらパフォーマンスを上げるために力を尽くす。

世界レベルの選手を支援するこのプロジェクト「トップアスリート・サポートチーム・ハートフル（ＴＡＳＨ）」の経験があったので、理学療法士の浅岡良信を病院の職員として迎え、井村が指導する全日本チームのフィジカルコーチとして派遣するという島田の案は、経営会議でも割合にすんなりと受け入れられた。

浅岡には、できる範囲で若い理学療法士の指導に当たってもらう。時折、病院で東京の活動報告をしてもらい、職員みんなで情報を共有する。この二つを条件に、浅岡はＴＡＳＨの主任となった。

「これまでは故障した人を治療するのが主な役割でした。そこにメダルを取るという夢が加わったのです。やっぱりわくわくしますよね」

ふだんは財布のひもをしっかり締めている冨久川の頰が、ふとゆるんだ。

ゆるキャラ改造

「選手たちの着ぐるみを脱がせてほしい」

それが、フィジカルコーチとなった浅岡良信が井村から最初に求められたことだった。

体脂肪を減らし、筋力を向上させ、基礎体力を付ける。井村が代表チームを預かった五か月後、二〇一四年九月下旬に韓国・仁川《インチョン》でのアジア大会、つづく十月初旬にはカナダ・ケベックシティーでのワールドカップが待ち構えていた。井村は二つの大会を無冠で終える気などなかった。

　合宿では朝七時四十五分から練習が始まる。まずは股関節や肩関節周辺の柔軟性を高めるためのストレッチと柔軟体操で体温を上げる。八時四十五分から正午まではマット運動で体幹を安定させるための腹筋・背筋の強化と、体をしなやかに動かせるようにする連続動作練習を繰り返す。正午から午後一時まではジムのマシーンを使った筋力トレーニング。一時半から二時半までは昼食と休憩だ。午後三時からプールでの水中練習が始まって七時半まで続く。七時四十五分から八時半までは夕食で、食事が終わると選手たちはようやく解放される。故障などで体のケアが必要になった選手は残って浅岡のケアを受ける。

　各地のクラブに所属する選手たちが全員集まる合宿は、合同練習ができる貴重な機会だ。夕食後に再びプールに戻って、十時半か十一時まで練習を続けることも少なくない。

　準備期間はたった五か月。短期決戦に臨むとき、井村はあれもこれもと手を付けたりしない。

「一つのものをよくしようとして何かを変えると、初めは下手になる。練習を重ねてそれを乗り越え、上達していくんです。そんな手順を踏む時間がないのに悪いところを全部直そうとすると、全部が中途半端になってしまう」

　そのような場合、井村はたった一つ、「これだけ」という狙いを定めて、ひたすらその部分を磨く。

　アジア大会とワールドカップには「キレ」で挑んだ。動きにメリハリをつけてシャープに、元気よく。そのために必要なのは、きりりと絞り込んだアスリートらしい肉体と、強くてしなやかな筋力だ。五か月後の目標達成に向けて、井村と浅岡は全力を傾けた。

懸垂連続二十回、腹筋百回……。「丸い」体の選手たちは、眉間にしわを寄せて、あるいは涙を流しながら、それまで与えられたことがない課題と向き合った。

浅岡は中国で行っていたように、選手一人ひとりのノートを作って、身体の特性や身体能力などの変化を記録した。トレーニングの効果を確認するためだ。胸囲や腰周り、太もも、腕回りなどを正確に測り、体脂肪と筋肉量も機器で測定して変化をつぶさに書き留めた。定期的に写真を撮って、数値とともに示すことで、選手自身にも変化が見えるようにした。

浅岡がトレーニングを指導し始めた当初、チーム平均で三回しかできなかった懸垂は数か月ほどすると十七回に、四十キロがやっとだったベンチプレスも七十五キロを持ち上げられるようになった。基礎体力が向上し、少しずつ長時間の練習に耐えられる体に変わっていった。

体力が上がるにつれて水の中の練習も過酷さを増した。二十五メートルを息つぎなしに全力で十本泳ぎ、直後に笑顔でシンクロの演技をするといった反復練習が積み重ねられた。百メートルを泳ぐタイムは平均五秒、二百メートルでは十秒も縮んだ。選手たちの見た目にも少しずつ精悍さが加わっていった。

改造が必要なのは体だけではなかった。

「十年ぶりに戻ってみたら、日本の若者はすっかり変わっていました。もう、驚きの連続です」

練習に臨む姿勢も、日常の過ごし方も、井村には理解できないことばかりだった。

朝の陸上トレーニング場に選手たちは水着姿で現れる。なぜトレーニングウエアを着ないのかと問うと、「どうせ午後から水に入るんだから一緒です」と、けろりとして言う。

「合理的と言えば合理的。私には無精としか思えませんけど」

井村は苦笑する。一事が万事その調子で、休憩時にはプールサイドに設けられたトレーニングスペースでごろごろ休んでいる。プールのある国立スポーツ科学センターには選手たちの宿舎があるのにだ。

「自分の部屋に帰ってゆっくり体を休めたり一人になって自分と対話したりするのはとても大事なことなのに」

井村には不思議だった。

さまざまな練習メニューのうちで、井村は競泳を重視する。四泳法を正しく速く美しくこなせる泳力が、シンクロでも基本になると考えるからだ。速く泳げなければ、至近距離にいる選手同士がぶつかって、けがをする。

あるとき、ずば抜けて優れた泳力を持つ選手が他の選手と同じくらいのタイムでゴールするのに気がついた。こっそり呼んで理由を問いただすと、悪びれた様子もなく、こんな答えが返ってきた。

「自分だけ飛び出したら、みんなから浮いてしまいます。目立つのはいやなんです」

なんでもみんなと一緒。恨まれないように。憎まれないように。

〝この子ら、まるで『ゆるキャラ』やな〟

井村は思った。

練習では力を出し切ろうとしない。全力でやって失敗したら傷つくからと、余力を残しているらしいのだ。そんな選手たちからありったけの、さらにそれ以上の力を引き出そうとして鼓舞したり、脅したり。井村は苦戦を強いられた。

「思い描いていたコーチングとは全然ちがう。動こうとしないエンジンにガソリンを注いで、注いで、注ぎ続けるような毎日でした」

そう井村は思い返す。日常生活でも口やかましく注意をしなければならなかった。

「朝、顔を合わせたら、笑顔でおはよう、って挨拶してよ」

「サプリメントを飲んだあと、コップをきちんと洗っておきなさい」

更衣室もひどい有様だった。靴が、片方ずつ別々の方向を向いて脱ぎ散らかされている。ロッカーの扉は開けっ放し。床にはシャンプーやリンスのボトルが転がっている。「片付けなさい」と注意しても、一向に改まる様子がなかった。

整然と並んで演技をするシンクロの選手たちの、この振る舞いはなんだろう。

ある日、井村は黙って靴をそろえて靴箱にしまい、シャンプーやリンスも隅にきちんと並べて置いた。それからはさすがに選手たちも見習うようになった。

「みんな、すごくいい子たちなんですよ。素直で反抗なんかしたことがない。ただ、燃えるような何かが伝わってこない。死に物狂いなんて、死語ですね。豊かな日本の象徴でしょうか」

井村はちょっぴり淋しげにそう語った。

「キレ味」のみを引っ提げて挑んだアジア大会で、日本はチーム種目で中国に次いで二位となった。

つづく第十三回ワールドカップ。日本はデュエット、チーム、フリーコンビネーションすべてで銀メダルを獲得した。絶対王者ロシアが欠場していたとはいえスペイン、ウクライナを抑えての二位というのは快挙であった。日本は世界ランキングで暫定三位に浮上した。

ワールドカップから戻ると、井村を取り巻く水泳界の空気が一変していた。それまでは、ごく少数の人を除いて関係者の多くがまともに目を合わせようともせず、「やれるものならやってみれば」と、敵意もあらわに言い放つ者もいた。そんなとき井村は「腹立てたらあかん。信用は自分で得ていくものや」と、自らに言い聞かせて耐えた。

コーチでありながら、選手の強化について話し合う会議などにも出席させてもらえず、井村の行く先々で冷ややかな視線が待っていた。しかしワールドカップで銀メダルを持ち帰ってからというもの、誰かれとなく先方から近づいてくるようになった。

「さすがですね」

「井村イズムを浸透させてください」

手のひらを返すように笑顔で声をかけられるようになり、ほどなく会議への出席も許された。

井村は、かつての仕打ちを恨む気持ちはまるでないという。

「これまで私を非難していた人がころっと変わったとしても、過去は過去。いまのその人を信じます。いま、自分が見たもの、聞いたものを信じるのが私の生き方です」

二〇一五年一月六日、日本水泳連盟は井村コーチのリオ五輪までの続投を正式に発表した。ワールドカップでのメダルが評価されたのだ。同年四月、井村は期限付きでJOC（日本オリンピック委員会）の職員となり、誰はばかることなく代表チームの指導に専念することとなった。

八年ぶりのメダル

リオ五輪の前に実力を試されるのが水泳の世界選手権だ。

二〇一五年七月二十四日から八月九日までロシアのカザンで開かれたその世界選手権大会で、選手たちは四つの銅メダルを獲得した。

「七種目のうち、メダル六個は取れると思ったのに。うれしさは七、八割」

井村は涼しい顔で言ってのけた。

五位あたりに低迷していた日本チームが、オリンピックに次いで重要な世界選手権でメダルを取り戻したのは実に四大会、八年ぶりのことである。快進撃の皮切りはデュエットのテクニカルルーティンだった。エースの乾友紀子《いぬいゆきこ》選手と三井梨紗子《みついりさこ》選手のペアが、三十八組中、三位で予選を通過、狂いのない同調性と高いリフトで、決勝は予選より点を伸ばしてライバルのウクライナを退けた。不動の王者ロシアの金、井村が手塩にかけて育てた中国ペアの銀に次いで、銅メダルをもぎ取ったのだ。

演技後のインタビューで、乾選手は「こんな戦いができたのは初めて」と涙ぐみ、三井も「精いっぱい出し切れた。勝負ができる位置に来れた」と、とぎれとぎれに語った。

久々の表彰台だった。ブルーのリボンで飾られた銅メダルを胸に、手を大きく挙げて歓声にこたえる乾選手と三井選手の晴れやかな顔。悲願が叶った瞬間である。遠くからみつめる井村ヘッドコーチの口元もほころんだ。

練習後のミーティングでは、乾と三井が持ち帰った銅メダルを全員が手に取って、重さと感触を確かめた。翌日にはチームのテクニカルルーティンの決勝が控えている。

「みんなでこれをもらうんだ」

決意も新たに誓い合った。

日本は二〇〇八年の北京五輪、二〇一二年のロンドン五輪と、二大会続けてチームでメダルを取ることができず、リオデジャネイロ五輪への出場さえ危ぶまれる、まさに崖っぷちに立たされていた。

井村は世界選手権に臨むにあたって、チームのテクニカルルーティンを最も重視する作戦に出た。三十以上の国々から集まってくる審判員たちは、まずテクニカルでその国の技術レベルを判断する。限界までの練習に加えて、点を取るための緻密な戦略を練った。

井村は一九八四年のロサンゼルス五輪から二〇〇四年のアテネ五輪まで、六大会連続で日本にメダルをもたらした存在だ。シンクロの世界でその名を知らない者はいない。今の日本代表はその井村が率いていると意識してもらう必要があった。

井村には自ら「勝ちパターン」と呼ぶノウハウがある。伴奏音楽に合わせて演技をするルーティンでは、音楽の出来栄えが演技の成否を大きく左右する。通常はクラシックやミュージカル、映画音楽などから振りを付けやすいものを自由に選び、つなぎ合わせて使うことが多い。しかし、日本はオリンピックなどの大きな国際大会で、しばしば試合のために作ったオリジナル曲で勝負してきた。

日本を象徴するような曲想でチームの演技を引き立てる作曲家、大沢みずほ。感情を豊かに表現する術を伝授するジャズダンスインストラクター、石崎共美《いしざきともみ》。井村は二人と組んで、いくつものメダルを取ってきた。世界選手権までに与えられた時間は多くない。ここは勝ちパターンでいくしかない。再び二人の力を借りることにした。

二〇一四年も暮れようとするころ、大沢みずほの携帯電話が鳴った。井村からだった。

「よし来た！　待ってました！　っていう感じでした。二度のオリンピックで中国チームのヘッドコーチとして戦った井村先生の日本代表復帰はもうないのだろうと、半ばあきらめていました。でも、ずっと悔しかった。また日本を指導されると知って、どんなにうれしかったか」

大沢に与えられた課題は、「表現力を必要とせず、一本調子のリズムを叩き込むように刻む日本的な曲」。ねらいは、メダルを取り続けていたころの強かった日本を審判員たちに思い出してもらうことにあった。

井村は、それまで大沢が日本チームのために提供したすべての楽曲を改めて聞いてみた。

「どれもええ曲や。かつて使った曲を編集するのもおもしろいかもしれんね」

井村は言った。大沢にとっては望外の喜びだったが「新曲でいきましょ」と即答した。十年前、常勝国だったころの選手たちと比べて力量がまだ十分に備わっていない。音楽を解釈して表現するような高度なことはさせられない。井村は今の日本代表をそう見ていた。足りないところは音楽の力を借りればいい。

大沢ははじめ、篳篥《ひちりき》などを用いた雅楽的な音楽をロックのリズムに乗せてはどうかと提案した。

「あの子たちに雅楽の響きは似合わへん。重すぎる」

即座に却下された。単純に明るく、イケイケムードで、と。

大沢は、井村の頭に広がる映像をなんとか音符で再現しようと苦闘した。現代風のリズムを基盤に、日本的なものを盛る。使うのは和の楽器。明るく澄んだ音色を持つ太鼓や琴などだ。そこに選手たち自身による掛け声を重ねて吹き込んだ。

「強い日本よよみがえれ、そしていよいよ栄えるように」

シンクロ復活への願いがこめられた新しいテクニカルルーティン「弥栄日本」が完成した。

そんな中でカザンに乗り込み、競技用プールを見た井村は仰天した。縦五十メートル、横二十五メートル、深さ三メートルのプールがサッカー・スタジアムの中心部に設《しつら》えられていた。高くて巨大な屋根。プールの上には大勢の観客が入る、とてつもなく大きな空間が広がっていた。さまざまな都市で戦ってきた井村も初めて見る規模の競技場だった。審判員の席も遠い。練習する選手たちの演技を観客席から見ると、下の方でチョロチョロ動いているようにしか見えない。一方、音楽は上空で鳴り響いている。

井村は、このままでは演技で試合会場全体を支配することができないと直感した。音楽と演技の間に隙間ができて、分断されていた。

「この会場で0・1でも多く点を取るにはどうしたらいいか。本番までの二日間、必死に考えました」

井村は振り返る。

選手一人ひとりが、もっともっとエネルギーを出さなければならない。手は腰のあたりから生えているという感覚で水面への当たりを力強く。上半身を水面に出すときは瞬発力を発揮して水を破るように。

修正点を具体的に指示した。体の芯から力を出して、気持ちも込める。人に感動してもらおうと思うなら、自分の心が動いていないとだめだ。総合的な人間力が空間の隙間を埋めてくれる。

大きな国際大会では予測のつかないことに出くわすことが少なくない。その場その場で直ちに対応できる能力が、優れたコーチの必須の条件だろう。百戦錬磨の井村は、ありったけの経験と知恵をかき集めて対策を練った。


それは久しぶりに見る日本らしい演技だった。

つま先から付け根まで、中心に針金が一本通っているかのようなシャープな足さばき。水中から突き出された十六本の足が、右に左に同じ角度で鋭く宙を切る。

体格や足の長さではロシアや中国にかなわない。八人の身長にばらつきがある日本にできる唯一のことは、一瞬たりとも気を抜かず、正確で難易度の高い技術を見せることだ。

数々の戦略が功を奏し、予選を四位で通過した。僅差でウクライナを追う形になったものの、これまでの大会の五位発進より順位を一つ上げた。予選では後半の演技に少しばらつきが出たため、その夜は九時まで練習を重ねてミスをした箇所を繰り返し修正し、決勝ではウクライナを逆転して三位、二個目の銅メダルを引き寄せた。まぐれで二つのメダルを取ることは不可能だ。競技が進むなかで、審判員や観客は強豪日本の復活を感じさせられたにちがいない。

「テクニカルだけではだめ。フリールーティンと両方でメダルをそろえなければ」

井村はどこまでも強気を貫いた。毎日のミーティングを欠かさず、選手たちのねじを巻き続けた。

井村は大会期間中、自分と同じTシャツやスポーツウエアを着るよう、選手たちにやかましく求めた。井村と同じTシャツを着ることで、井村の指導を受けるチームであると審判員たちにアピールするためだ。採点競技の戦いは、試合の前から、そしてプールの外でも繰り広げられているのだ。

世界選手権でのシンクロの競技は八日間にわたって行われる。選手たちはソロ（一人）、デュエット（二人）、チーム（八人）それぞれのテクニカルルーティンとフリールーティン、さらにフリーコンビネーション（十人）の予選と決勝を、連日泳がなければならない。

十四種目すべてに出場するキャプテン乾友紀子の疲労は相当なものだったはずだ。デュエットのテクニカルルーティンでは銅メダルに輝きながら、フリールーティンはウクライナに敗れて四位となった。

ウクライナの二人の選手は喜びを爆発させた。抱き合い、跳び上がり、表彰台では銅メダルをかじってみせた。その姿を苦々しい思いで見ていた井村の闘志に火が付いた。

「喜ぶのはかまわない。けど、はしゃいではめをはずすのはちがう」

井村は負けた気がしなかった。井村の目には日本の演技が上回っていた。

「ずっとメダルを取れなかった私たちには信用がない。審判員も人間です。人間が採点するというのはそういうことなんです。迷いがあれば、高い点は出さない。一歩前へ出たくらいではだめ。踏みつぶすくらいの勝ちでなければ勝ちをもらうことはできません」

井村は選手を前に声を張った。

「悔しいやろ。一生懸命やっても通らないことがある。それでもちゃんとした技術を毎日毎日見せよう。勝っても負けてもやり続けよう」

チームのフリールーティン決勝で、日本はロシアのすぐ後に演技をすることになった。開催国ロシアはシンクロ王国である。どの種目をとっても金メダルを他国に譲らない。ロシアの選手が登場すると、仮設プールのある巨大なサッカー・スタジアム全体が揺れるほどの歓声に包まれる。

決勝の前日、井村はわざわざ練習を中断し、選手を引き連れて歓声を聞きに行った。

「これよりすごい歓声の中を、あなたたちは出て行くんだよ」

雰囲気にのまれないよう、大歓声を全身に浴びて実感させたのだ。おかげでロシアチームへの声援のどよめきが残る決勝本番でも冷静さを保つことができた。

フリールーティン「ブラックマジック」で、井村は日本が苦手だったジャンプやリフトなどの大技を多く盛り込んだ。何人もの選手が力を合わせて水中で支え、一人を水面高く持ち上げるリフトや大きく飛ばせるジャンプは、演技の中で最大の見せ場となる。ライバルのウクライナは柔軟性を生かした高いリフトやジャンプが持ち味だ。だからこそ日本もそこを克服しなければいけないと考えたのだ。

宙を舞うジャンパーに選ばれた身長一六三センチの中村麻衣《なかむらまい》は、特別な合宿をしてトランポリンや体操の指導者から空中姿勢の特訓を受けた。

リフトでは井村は小さな賭けに出た。水深三メートル。足の着かない水中で上に乗る人間を支えるには強い筋肉がいる。ふつうなら体格のいい選手を土台に据えるところ、一七六センチとチームでとびぬけて背の高い箱山愛香《はこやまあいか》選手を持ちあげられる役に指名した。水面から大きな空間に躍り出たとき、大柄な方がはるかに見栄えがするからだ。自分より大柄な選手を肩に乗せる吉田胡桃《よしだくるみ》選手は、歯を食いしばりながら筋トレを重ねてきた。

観客席から起こった大きな拍手と歓声が、賭けの成功を告げていた。芸術点を予選より上積みして、日本は銅メダルをつかみ取った。

一位ロシア、二位中国、三位が日本。

全員で表彰台に上がると長身の選手がそろったロシア、中国に比べて、日本はいかにもでこぼこして不揃いだ。その選手たちが手放しで泣いている。

表彰台を降りると井村に駆け寄り、叱られてばかりだったきびしいコーチの首に次々にメダルをかけた。かける方もかけられる方も泣きながら抱き合った。

「選手たちのこんないい顔を見られるから、またがんばろうと思う……」

インタビューのマイクを向けられた井村の言葉が涙で途切れた。

最終種目のフリーコンビネーションで、日本は四つ目の銅メダルを獲得した。十人で自由に演技するフリーコンビネーションは水上のミュージカルとも言われている。ソロ、デュエット、トリオと次々に組み合わせを変えて見る者を楽しませてくれる。演技時間も五分以内と、他の種目に比べて長い。二〇〇三年の世界選手権バルセロナ大会から正式種目となったが、オリンピックでは採用されていない。

メキシコチームはビートルズナンバーに乗せて演技し、観客を大いに沸かせた。中国は「オペラ座の怪人」を、地元ロシアは「ドン・キホーテ」で万華鏡のように隊形がめまぐるしく変わる演技を披露して、98・3000という高得点をたたき出した。

日本は後ろが赤、前が緑で、瞳を閉じた女性の横顔が大きく描かれた大胆な水着で登場した。曲は「ソネラ」。以前から使っている楽曲だが演技は手直しした。ロシア人好みの重く切ない短調のメロディーに合わせて、一瞬も止まることのない、流れるような演技で審判と観客の心をつかんだ。

コーチの井村にとっても選手たちにとっても、このフリーコンビネーションでのメダルには格別の思いがあった。

井村の練習はきびしいことで知られている。リアリストの井村は奇跡など信じない。「オリンピックに魔物なんかいない」が口癖だ。大会までどのような準備を重ねてきたか、目標までの日々をどう過ごしてきたか。それがすべて、と断言する。ヘッドコーチに復帰して以来、選手たちを東京の国立スポーツ科学センターに集めて行った合宿練習は、連日、朝七時半から十時間にも及んだ。休みも十日に一度あるかないか。

世界選手権まで四か月を切った二〇一五年三月、思ってもみない出来事が起きた。代表選手十二名のうち二名が練習についていけず、代表を辞退したのだ。代表選手は公正な選考会を経て選ばれる。次点の選手を招集したが、その選手からも断られた。オリンピックに出られるかもしれない代表からの離脱や辞退は、井村には考えられないことだった。通常、大会には正選手のほかに補欠を一人連れていく。だが十人で演技をするフリーコンビネーションには補欠なしで臨まなければならなかった。

十人だけになってしまった選手たちを前に井村は祈るような思いで説いた。

「あなたたちは最も強い十名です。でも、病気とけがはしないでね。いきなり三十八度の熱は出ません。七度になって、七度二分になって、七度八分になる。毎日、毎日、自分の体と語り合いなさい」

メダルを狙おうかという国のチームに補欠がいない。誰が想像できただろう。一人も欠けることが許されない。後にも先にもたった十人の仲間たち。そんな緊張感の中で、全員でメダルを勝ち取った。いつもは補欠に甘んじている選手も、初めて正選手としてメダルを握ることができた。

大会が進むにつれて、選手たちの顔つきが日に日に変わっていった。

「あの子たちは死にもの狂い、とか、がむしゃらにやる、とかいう体験を初めてしたんとちがうかな。そして勝ったときの達成感や日の丸を背負う醍醐味も味わった。ちょっとは世界で戦う選手らしくなりました」

井村はめずらしく選手たちをほめた。

井村の叱り方には本人が三点セットと呼ぶ法則がある。

・悪いところをはっきり指摘する。
・どうしたらよくなるかを具体的に伝える。
・直せたかどうか確認する。

プールサイドで大声を上げている井村を見て、「スパルタ」とか「根性主義」などと言う者がいるが、そういう言葉では片付けられない。悪いところを指摘し、改善方法を教えることは比較的、簡単だ。しかし、改善できたかどうかを確かめるのは、口で言うほどやさしくはない。教える方も教えられる方も、できるようになるまでやり続けなければいけないのだから。井村の場合、一つの動きをよくするために二時間、三時間をかけることはざらだ。シンクロの演技は長くて四分。そのうちの何秒かの動作を納得できるまで繰り返す。

「もう一回」「ダメダメ、もう一回」と、同じことばかりをやらされる選手たちは、次第に飽き、集中力が切れて音を上げる。それでも井村は決してあきらめようとしない。

井村の頭の中には目指すべき演技の像がくっきりと浮かんでいる。同調性、スピード、身体の動き、空間へ放つオーラ。選手たちをなんとかしてそこへ連れていきたい。

「技術を教え、やる気が出るよう選手たちをあおり、何時間やってもできないと、私の教え方が悪いんじゃないか、言葉がけが悪いんじゃないかと迷いが出る。私も人間やから、一生懸命やっている選手を見るとかわいそうになって、もうこの辺でええかな、という気持ちが起きてくるんです。でも、そこで譲るとろくなことにならない。私は選手とではなく、妥協したくなる自分と戦っているんです」

できるまでやる――。

井村は、最も平凡で、だからこそ最も難しいことを愚直にやり続けているに過ぎない。

水泳の世界選手権は、オリンピックを超える規模で二年に一度開かれる。

二〇一五年夏、世界選手権の四つのメダルは、そういう営みの先に待っていた。

第二章　中国へ

売国奴

二〇〇四年八月、アテネ五輪が幕を閉じると、井村雅代はコーチとしての人生に一区切りをつけた。

宿敵ロシアに敗れはしたが、デュエット、チームとも銀メダルに導いた。二〇〇一年の世界選手権では立花美哉《たちばなみや》・武田美保《たけだみほ》のデュエットで、念願の金メダルを獲得し、世界の頂点にも立った。

一九七八年にナショナルチームのコーチとなって、八四年のロサンゼルス五輪からアテネまで、六回の五輪を戦い、すべての大会で日本にメダルをもたらした。就任から二十七年、五十四歳になっていた。

これからは若いコーチに育ってもらおう。自分は少し後に下がってそれを支援しよう。そう心を決めると、銀メダルの興奮も冷めやらぬうちにヘッドコーチから退くことを発表した。立花と武田がこの大会限りで引退することも、区切りをつける後押しをした。

「十代から見てきたミヤとタケの引退で、プチ燃え尽き症候群になってたかもしれへんね」

勇退の理由を問うと、井村は笑いながらそう語った。

日本水泳連盟シンクロ委員会の会議の席で井村は正式に引退の意向を告げたのだが、そのときの出席者の反応は予期せぬものだった。「長い間、お疲れさま」とか「ありがとう」

など、ねぎらいの言葉を期待していたわけではない。それでも、まるで井村が代表チームを独占してきたかのように「あなたの家内工業ではないから」と言われて驚いた。誰に対しても思ったことを言い、やりたいようにしなければ気が済まない気質を苦々しく感じている者が多かったのかもしれない。

若いコーチからの反発もあった。

井村がプールサイドに立ち続ける時間は十時間にも及ぶ。練習が終わったあとも、演技の修正や研究にかかりっきりで、寝るのが午前零時を過ぎることもしばしばだった。若いコーチといえども井村の体力にはかなわなかった。そのうえ、選手だけでなく、ときにコーチもきびしく叱責された。一緒に指導に当たるコーチたちからは「とてもついていけない」と連盟に訴えが届いた。

シンクロに献身してきたつもりが、周りからはこんなふうに受け取られていたのかと、井村は情けなかった。少し長くやり過ぎたようだ——。そう思った井村は後方支援を、と考えていた代表チームからきっぱりと身を引き、自らが主宰する井村シンクロクラブで指導に専念することを決めた。

ナショナルチームにかかわって留守をしていた間、クラブの若いコーチたちが踏ん張って次々と優れた選手を代表チームに送り込んでくれていた。ようやくその労に報いるときがきた。

しかし、一年あまりが過ぎたころ、不安が井村の胸を淡い霧のように覆い始めた。

〝私の教える技術は、もう古くなっているんじゃないか。私は過去の遺産にすがっているだけではないか〟

選手を引き連れ世界を転戦するからこそシンクロの最新の潮流を知ることができる。どの国も、毎回新しい技術、新しい芸術性を見せようとしのぎを削っている、そのような切実な競い合いの現場にふれることなしに、どうしてオリンピックを夢見る子どもたちに最先端のシンクロを教えることができるだろう。

井村の代表監督引退のニュースは、インターネットを通じて各国に知れ渡っていた。いくつかの国からコーチ就任の誘いがかかっていたが、心を決めかねていた。

中国から最初の打診があったのはナショナルコーチ引退から丸二年が過ぎた二〇〇六年九月のことだ。二〇〇八年に北京五輪を控えた中国水泳連盟の要望は、きわめて明快だった。

「五輪開催国としてシンクロでどうしてもメダルがほしい。それにはあなたの経験と力が必要なのです」

最初からヘッドコーチとして迎えたいと言う提案に、井村は少し心を動かされた。ヘッドコーチなら自分の思い通りの指導ができる。しかし、中国の要求のハードルは高い。アテネ五輪で六位だった中国チームを率いてメダルを取れと言うのだ。

どんな色でもいいと言われても、メダルへの道の険しさは井村が誰よりもよく知っている。国のありようも選手の育成方法も、なにもかもちがう。引き受けます、と即答はできなかった。

　ただ、井村には以前からアジアの国々をもっと強くしたいと願う気持ちが強かった。国際大会で何度も悔しい思いをしてきたからだ。

　大国ロシアは二桁の数のコーチを世界中に送り込んでいる。そうすることで、ロシア流シンクロが世界標準であるかのような地位を得た。一方、アジアでは、シンクロはスポーツとして普及の途上にある。体格でも一回り小さいアジアの選手はどうしても見劣りがする、少数者であるがゆえに、高い点数に結びつきにくい。シンクロが、なお欧米中心の競技にとどまっていることを残念に思っていた。

　アジアでシンクロをする国々がもっと増えればいい。中国と韓国に日本を追ってきてほしい。できれば日本、中国、韓国でメダル争いをしたい。そう願って韓国へは短期間の指導に出向いたこともある。

　どんなことでも深く悩まない、と公言する井村が、このときばかりは迷い、悩んだ。いちばんの理由は、せっかく戻った井村シンクロクラブをまた若いコーチに任せて留守にしなければならないことだ。

　何かを決めるとき、井村はほとんど誰にも相談せず、常に自分の考えで決断してきた。

　そんな井村がたった一人、本心を打ち明けて相談した友人がいる。飛び込み競技の寺内《てらうち》健《けん》選手を長年にわたって指導してきた馬《ま》淵崇英《ぶちすうえい》コーチである。

　シンクロは、競泳とちがって深さのあるプールで練習をする。関西で三メートル以上の深さを持つプールは数えるほどしかない。飛び込み競技も深いプールを必要とするため、少ない練習用プールの半分を飛び込み、半分をシンクロチームと、分け合って使うことがたびたびあった。

井村と馬淵は、練習時によく一緒になった。

「井村先生が向こう側でガーッと選手たちを怒鳴っていると、こちら側では私が寺内をガーッと怒鳴っている。休憩時間には『健ちゃん、がんばって』なんてシンクロのお姉さんたちに応援してもらって、寺内もうれしそうでした」

二人は、すぐに親しく言葉を交わすようになり、互いの指導理念に共鳴し合って意気投合した。やがてそれぞれ日本代表監督として、オリンピックや世界選手権、アジア大会などで頻繁に顔を合わせるようになった。中国人でありながら日本のユニフォームを着て世界で戦っている馬淵は、井村が最も敬愛するスポーツ指導者の一人であった。

上海生まれの馬淵崇英、中国名、蘇薇《スーウエイ》は、中国で飛び込みの選手として活躍していた。引退後、日本に留学していたときに馬淵かの子《こ》の誘いで兵庫県にある民間のスポーツクラブ、ＪＳＳ宝塚スイミングスクールの飛び込み競技のコーチとなった。

かの子はメルボルン、ローマ、東京と三度のオリンピックに出場を果たした元飛び込み選手である。

ある日、スクールで、飛び板から飛び込んで遊ぶ少年を一目見て、崇英は「指導をすればオリンピックに出られる」と確信した。その少年こそが一九九六年のアトランタ五輪以降、四大会連続で五輪に出場し、二〇一六年、五度目となるリオに挑む寺内健選手である。

寺内が名実ともに日本の飛び込みの顔となり、彼を伴って世界で戦ううちに、自分が外国人であるという感覚が薄れて日本の一員だと感じるようになったという。

「気が付くと、日本人とか中国人とか意識することもなく一人の人間として彼と向き合っている私がいました」

来日から十年。一九九八年、崇英は自然な流れで中国人の妻とともに日本に帰化し、日本国籍を取った。苗字は何を使ってもいい。が、名乗りたい名前は一つしかない。日本の母として父として支えてくれた馬淵かの子・良《りよう》夫妻の姓である。

中国と日本。

二つの国を生き、それぞれの実情も、ちがいも、知り尽くした馬淵崇英なら、本音の話を聞かせてくれるにちがいない。中国行を決めかねていた井村はそう考えた。

井村から相談をもちかけられて、馬淵の頭に最初に浮かんだことは「中国はいい人に目をつけた」ということである。中国のシンクロの歴史は浅い。国際試合に出るようになって、まだ二十五年ほどしかたっていなかった。馬淵は中国の選手育成システムや施設、設備などについて知る限りのことを伝え、こうアドバイスした。

「中国は、国が全力でバックアップします。まちがいなく井村先生の感性とパワーを発揮できる場所ですよ」

でも、と馬淵は少しためらいながら言い添えた。

「ちょっと立場が悪くなることが予想されますよ」

当時、小泉純一郎《こいずみじゅんいちろう》元総理が靖国神社に参拝したことで、日中間には冷たい風が吹いていた。日本と中国は、隣国同士でありながら、実際以上に深い海に隔てられている。政治的な対立のたびに双方の国民感情が揺れ、少し近づいたかと思うと遠ざかり、心を許し合えないでいた。

馬淵は中国で過ごした子ども時代に祖父母から日本軍との戦争について聞いたことがある。ところが、来て、住んでみた日本は、聞いていた日本とはまったく別のものだった。

「昔は昔。いまの日本はすばらしい」

しかし、そう思えるのは馬淵が日本の人々と直接、言葉を交わし、ふれあってきたからだ。そのような機会に恵まれない多くの国民は、双方とも相手をよく知ろうとしないまま、嫌悪感だけをふくらませている。馬淵はそれを心配した。

秋も深まった十一月、井村は考えた末に決断した。

〝自分は中国から見込まれた。中国とロシアは交流試合を続けている。それなのに白羽の矢が立ったのは友好的とはいえない日本人の自分なのだ。これほど見込まれたのに断ったらあかんやろ〟

正確な技術を重んじる日本流のシンクロを世界に広めるいい機会にもなるし、自分がコーチを断ればロシアが受けるだろう。そうさせてはならないという気持ちもあった。受ける理由はいくつもあった。

しかし、井村の心をとらえていたのは素材としての中国の選手たちだった。平均身長一七二センチ。長い手足を備えた美しい体形の選手を使って、誰も見たことのないシンクロを作り上げる。その魅力に抗いがたかったのだ。

「自分が扱ったことのない選手を相手に日本の選手ではできなかった演技をさせてみたい。ロシアみたいに、とかスペインみたいに、と思った時点で遅れてる。その先を行くまだ見ぬシンクロに到達したい」

どこの誰であろうと国なんか関係ない。それがコーチの「ロマン」だと、井村は語気を強めた。指導者の業《ごう》のようなものである。

こうして中国の要請を受けることにした井村は、真っ先に井村シンクロクラブのコーチたちに打ち明けた。コーチたちは驚いたが、「中国で見聞きしたこと、学んだことを私たちにも伝えてくださいね」と快く送り出してくれた。クラブで練習に励む選手や子どもたち、その保護者らにも丁寧に説明して了解を得た。

井村にとっての不幸は、中国に受諾の返事をした直後、二〇〇六年十二月にカタール・ドーハで開かれた第十五回アジア大会で予期せぬ番狂わせが起きたことだ。

金メダルを当然視されていた日本のデュエットが、フリールーティンで中国の双子のデュエットに逆転負けしただけでなく、あろうことかチームでも中国に敗れたのだ。

不可解な採点が、関係者の間でひとしきり取沙汰された。シンクロは、アジアには十分に普及していない。国際的に通用する能力を持った審判員も、そう多くない。細かい技術の優劣を見抜けなかったのか、身長で十センチ以上優っている中国チームの見栄えに実力以上の得点が出た。審判員に中国寄りの国や地域出身者が少なからず含まれていたことも不運だった。

いずれにしても負けは負け。中国は、一気に日本のライバルとして浮上した。

そんな国の指導者になろうとしている井村を、バッシングの嵐が襲った。

クリスマス・イヴの日、井村が東京で記者会見を開いて中国代表ヘッドコーチへの就任を発表すると、ネット上には容赦のない罵声が並んだ。

「非国民」

「売国奴」

「裏切り者！」

井村に密かにエールを送っていた飛び込みコーチ、馬淵崇英は、危惧したことが何倍もの大きさで現実になったことに胸を痛めた。

「世界にはいろんな国があり、いろんなスポーツがあり、選手やコーチ、技術が行き交っている。日本も例外ではありません。井村先生は少しもまちがっていない。何を言われても負けないで筋を通してほしい」

そのときは祈るしかなかった。

水泳連盟内部の空気も一変し、井村を批判する者が次々に現れた。日本代表コーチを辞めたあとも、引き続き水泳連盟シンクロ委員会の常任理事をしていたが、辞表を出すよう迫られた。事実上の除名だった。当時の真のライバルであるスペインでは、アトランタ五輪の元代表選手で井村の指導を受けたことがある藤木麻祐子《ふじきまゆこ》がコーチをしていたが、そちらの方は問題にならなかった。

井村は幾度も自分に問うた。私は人の道にはずれるようなことをしようとしているのだろうか。応えは否だ。恥じることは何一つない。敵国に技術を売る、などと見当はずれな批判をする者は、何もわかっていない。技術など、一度披露したとたんに古びてしまうものなのに。

決めた通りの道を進むだけだ。井村は当時の水泳連盟会長、林利博《はやしとしひろ》に手紙を書いた。中国へ赴く真情を、会長には知っておいてほしかった。

「こんな分厚い手紙を寄越しました」

林は右手の親指と人差し指を丸めてみせた。

「それまでも井村君は連盟のシンクロ委員会と連絡を取っていたんでしょうな。中国へ行くというわさはちらちら耳に入っていました。手紙は相談とかアドバイスを求めて、という内容ではなかった。もう決めました、と決意を表すものでした」

林は、井村の考えを伝えておこうと、何人かの役員にも手紙を見せた。

中国へ行く、と聞いても、林自身は別段、怒りはわかなかったという。

「世界のシンクロのため、日本のシンクロのため、腹をくくって勝負しに行くんだとわかりました。自分だけよければいいという私心はみじんも感じられませんでした」

林は井村の性格をよく知っている。

「ちょっと待て、と言っても聞き入れるような子じゃないし」

「実は……」と、元競泳選手だった林は申し訳なさそうに眉を下げた。

「私は以前、シンクロをばかにしてましてね。なんていうか、お遊びみたいな気がしていたんです」

あるとき井村が指導する練習風景を見て、考えが変わった。体力的にも精神的にも限界まで追い込んで戦うきびしい競技なのだと目を開かされた。その競技でメダルを取り続けた井村に一目《いちもく》も二目《にもく》もおくようになった。

「人の言うことを聞かないとか、きびしすぎるとか、よくない話も聞こえてきました。しかし、独創性があった。だいたい現場の指導者には奇人・変人が多いんですよ。バランスがとれていない。だからいいんですよ」

二〇〇三年に林は十六年にわたって会長を務めた「フジヤマのトビウオ」故・古橋廣之《ふるはしひろの》進《しん》から直接、あとを託された。戦後まもなくから続いてきた組織には澱みもあれば濁りもある。連盟の役員はボランティアだ。職業をほかに持っている。林は会長就任に当たってすべての職を辞し、会長業に全力を傾けることにした。

「その方が妥協しないでやれる。そう思ったんですよ」

ロンドン五輪をゴールに、十年単位の計画を立てた。一年ごとに実績を評価し、計画を見直した。役割分担を明確にして、連盟の組織改革にも取り組んだ。円形脱毛症になりながら役員の定年制を導入し、自らの任期も六年と定めて退路を断った。改革は、まだ道半ばにあった。

二〇〇六年十二月二十五日。井村は関西国際空港から単身、北京に飛んだ。

二〇〇七年一月から翌二〇〇八年八月の北京五輪閉幕まで。中国代表チームのヘッドコーチに就任する契約が、中国水泳連盟との間で交わされた。

北京暮らし

中国へ指導に行くにあたって、いちばんの心残りは井村シンクロクラブのことである。井村が日本代表を教えている間も、クラブは国内のクラブチームのトップを走り続けており、それは留守を守る若いコーチたちと選手らの踏ん張りがあったからだ。

それなのに、戻って二年ほどで、また長期間「家」を空けようとしている。

シンクロは採点競技だから、自分が批判を受けながら中国へ行くことで、若いコーチやクラブの選手たちに不利益が及ぶのではないかと、それも気がかりだった。してやれることはないのか。何かせずにはいられない。コーチらに問うと、「もっと練習がしたい。遠くのプールへ行ってでも練習したい」と、それがいちばんの願いだと言う。

コーチにとって頭の痛い仕事の一つが練習用プールの確保と使用時間の調整だ。

大阪を拠点とする井村シンクロクラブの子どもや選手たちが日帰りで使える大阪や京都近辺のプールだけでは練習時間が足りず、空いているプールを求めて広島、舞鶴、静岡などへと遠出する。学校の授業に差し支えないよう金曜日の夜から出かけて土日をフルに練習に充てる。

しかし、合宿となると、交通費や宿泊費などで、一回につき四、五万円はかかる。子どもにシンクロを習わせている親たちに負担を強いるのが心苦しいと、若いコーチらは合宿を増やしたいと言い出せずにいた。井村は即座に言い切った。

「いいから行きなさい。どこへでも行きなさい。合宿費は私が出してあげる」

若いコーチたちは狂喜した。が、父母たちは「それではあまりに申し訳ない」と、井村の好意を受けることをためらった。

ナショナルチームの選手たちも、トレーニングセンターで合宿すれば、わずかとはいえ宿泊費を払う。話し合った末、父母には一泊二千円を負担してもらうことで合意した。新年や試合前の定例合宿は、これまで通り保護者の負担。ほかに年数回の臨時の合宿を行い、二泊の宿泊費のうち四千円を保護者が、食事代や交通費など、他の一切は井村が賄うこととした。

クラブに所属する選手と子どもの数は四十五人ほど。全員の年数回分だ。相当な額にのぼる。

「中国からどれだけもらうねん、と思われそうですけど、全然、たいしたことないですよ。

けど、お金って回すものじゃないですか。ごはん食べられないのは困るけど、ごはん食べられたら好きなことにお金を回したい。選手やコーチに安心してシンクロができる環境を保証してあげるのも私のサポートの一つでしょう」

クラブの収入の柱は、選手たちからの月謝である。所属のクラスによって金額が異なるが、月に一万七千円から三万五千円だ。四人の専任コーチの指導料や、アルバイトで手伝ってくれる約十人のコーチ、スタッフの報酬、プールなどの施設使用料など必要な経費を払うと、毎月、たいてい赤字になる。井村はそれを講演料などで埋めてきた。いまの自分があるのはシンクロのおかげ。シンクロの次世代を育てるために自分がお金を還元するのは当たり前のことだと考えている。

一般的に大阪人はお金に細かいとか、けちだというイメージがあるが、そうでもない。

「ああ、全然ちがうな。お金は持って死ねない。私にしかできない使い方ってなんやろと、いつも考えています」

井村の贅沢といえば、どこへでも自分で運転して行く愛車を金色に塗っていることくらいだろうか。

北京郊外にある中国国家体育総局訓練局。警備員が立つ門をくぐると、広大な敷地に大理石で造られたいくつもの建物が建ち並ぶ。中国全土からあらゆるスポーツ選手たちが集まって練習に励むナショナルトレーニングセンターだ。金メダル量産の拠点である。

そこから歩いて十五分ほどのところに選手たちが住むアパートやベテランコーチたちの居住棟、井村のように短期で教えに来る指導者のための宿舎などが集まっている。三つの食堂を備え、ジャグジーやサウナ、テニスコートなども併設されている。選手だけで常時、六百人から七百人が住み込んで、ひたすら練習に明け暮れる。

井村は広々とした２ＬＤＫに通訳の女性と二人で暮らすことになった。家具や生活に必要な備品はすべて用意され、掃除も係の人がしてくれる。食事は三食とも食堂でとる。ブッフェ形式で出される中華料理は肉や魚、野菜、どれも吟味した食材がそろえられ、味付けも辛いもの、甘めのものなど、バラエティに富んでおいしかった。

何に驚いたといって、いつでも好きなときに練習できることだ。

体育館はバレーボール体育館、バスケットボール体育館、卓球体育館、重量挙げ体育館などと、種目ごとに専用の施設がある。プールも競泳、飛び込み、シンクロが別になっているので独占できる。練習場所探しと時間調整に追われる日本からすると天国だった。

指導者の体調にも気を配っていた。シンクロの指導で固いプールサイドに一日十時間以上も立ち続けると、腰や背中がパンパンになる。もし、日本でコーチがマッサージを頼もうものならまちがいなく顰蹙《ひんしゅく》を買うだろう。しかし中国では練習のあと、選手だけでなくコーチの部屋にもマッサージをしに来てくれる。

練習に専念できる環境が、井村には何よりありがたかった。

しかし、選手たちと初めて間近で接して愕然とした。身長があるわりに、どうにも細すぎるのだ。故障やけがをしていないか、十三人の代表選手全員に書いてもらったところ、一人を除く十二人が手首や膝などの関節に故障を抱えていた。みんなモデルのような体形で、ろくに筋肉がついていない。井村が目指すきびしい練習に耐えられそうになかった。

食堂で彼女たちが食事をするところをつぶさに観察してみると、皿にちょっぴりしか取らない。量も質もまるで足りなかった。シンクロという競技には、水の抵抗を押しのけて激しい動きができる筋力と、浮力をもらう脂肪が必要で、それは車の両輪のようなものだ。演技をしているときに体を水面から少しでも高く出すには浮力の助けを借りねばならず、それには適度な脂肪が欠かせない。また、脂肪には体を冷えから守る役割もある。シンクロ選手の体脂肪率が二十パーセント前後と他の種目の女子選手より高いのにはそれだけの理由があった。

「中国はシンクロというスポーツをまったくわかっていなかった。ダイエット競技だと誤解されていたんですからね」

井村はおかしそうに笑う。

水中での長時間の練習に耐え得る体を作るには、必要なエネルギーと栄養を日々、きちんと摂取しなければならない。シンクロ選手は食べることも訓練の一つで、一日に必要なカロリー数は、およそ五千キロカロリー。ふつうの成人女性の二倍以上にあたる。

中国選手たちの筋肉は、量こそ少なかったが、質は悪くなかった。押すとふわふわと柔らかく、しなやかだった。体の柔軟性の方は申し分ない。競泳や新体操などの競技からシンクロに向きそうな若い女性が呼び集められている。身長が一七二センチ前後でそろっているところはさすがというほかなかった。

もう一回り大きく、強く。

井村は食事のたびに選手一人ひとりの皿をのぞき込んで、「肉をもう一枚」「魚が足らん」などと、一回の適切な食事の目安を具体的に指示した。ダイエットに慣れた選手たちの胃は小さく縮んで、たくさんは食べられない。中国選手たちの戦いは、まず食べて胃を大きくすることから始まった。

通常の練習をする一日のスケジュールはこうだ。

朝、七時ごろから朝食を食べ、八時発のシャトルバスに乗って五分ほど離れた国家体育総局訓練局の中にある練習プールに向かう。着いてすぐに練習を始め、お昼はシャトルバスで宿舎にもどって計二時間を昼食と休息に充て、再びプールに向かうと、夜九時のバスで宿舎にもどる。帰りが九時を過ぎることもしばしばだった。一日十二時間の練習だ。原則として日曜日は休む。

代表チームにはヘッドの井村のほかに五人の中国人コーチが付いていた。最もベテランのコーチは高さ十メートルの飛び板から飛び込むハイダイビングの元中国代表選手だが、その彼女も驚く練習量だ。

井村が行くまで中国人コーチたちが行っていた練習は、午前中三時間、午後三時間の計六時間。井村に言わせれば「そんなもんで何ができるの？」だ。

選手たちが最初に覚えた日本語は「ダメ」と「バラバラ」だ。井村がいち早く覚えた中国語も「プッション（ダメ）」と「ブドイ（ちがう）」。思わず「全然ブドイ！」と、ちゃんぽんで叫んでみんなで爆笑したこともあった。

北京五輪を前に、中国水泳連盟が井村に託したミッションは、「どの種目でも、どんな色でもいい。シンクロで一つ、メダルがほしい」ということである。

中国選手の現状を知ると、ふだん強気の井村も深い闇に分け入ったような気分になった。バッシングの声を背に日本を出たが、中国の国民もまた、温かく迎え入れてくれたわけではない。中国には根強い反日感情がある。日本人の井村をヘッドに招いたことで、中国水泳連盟は大きなリスクを負った。プレッシャーなどあまり感じたことがない井村に、その事実が重くのしかかっていた。

指導を始めて三か月もたたない二〇〇七年三月、メルボルンでの世界選手権が待っていた。二〇〇四年のアテネ五輪以来となる久々の大舞台だ。井村が初めて中国チームのコーチとして臨む国際試合でもあった。日中両国からは、メディア関係者が多数やってくる。

いつになく心細くなった井村は、友人の飛び込みコーチ、馬淵崇英に北京から一通のメールを送った。

「私にはＣＨＩＮＡと書いたジャージ似合うかな……」

馬淵からはすぐに返事が届いた。

「自分の汗で勝ち得たユニフォームはきっと似合いますよ」

心にしみる言葉だった。その後も何度もかみしめることになる励ましだった。


選手の体づくりも技術の指導も、何もかもが間に合わない。

そんな中で何を優先して指導をするか。井村は考えに考え、基礎練習のほかは「笑顔」でいくことにした。結論を出せばぐずぐずと迷わない。切り替えの早さが身上だ。

練習プールへ向かうシャトルバスに乗るとき、井村は元気よく「おはようございます」とあいさつをする。降りるときは運転手に「ありがとうございました」と必ず声をかける。ところが選手たちは無表情のまま黙って乗り込んでくる。降りるときも素知らぬ顔で降りる。それが気になっていた。

「笑顔であいさつしなさい。運転手さんにシェシェと言いなさい」

ことあるごとに選手たちに言った。「お愛想笑いでいいから笑いなさい」と注文したときは、通訳が困った顔をした。中国には「お愛想笑い」というものがないらしかった。

メルボルンに乗り込むにあたって、笑顔作戦を徹底した。練習プールや競技エリアに入ると、さまざまな人に出会う。審判員や競技役員もいる。とにかく人とすれ違ったら知らん顔で通り過ぎず、にっこり笑って「ハロー」か「ニーハオ」と言おう。「シェシェ」と言おう。そう教え込んだ。

審判員に好感を持ってもらえないチームに高い得点が出ることはない。井村が経験から学んだことだ。

大会直前、中国のマスコミ関係者に練習の模様が公開された。井村には、次々に辛辣な質問が投げかけられた。

「あなたは絶対にメダルを取らせる自信があるんですね」

「ほんとうに全力で教えているのですか？　あまり強くならないよう、手を抜いているのではないですか？」

「現地へ入っても中国しか教えないんですか？　ほかの国も教えたくなりませんか？」

井村は思わず質問する記者たちの顔をまじまじと見た。

「はあ？　みたいなことばかり聞かれましたよ。日本人を信用してないと思ったね。こちらもおとなしくしてられない。だから言ってやったんです。そんなことして取れるメダルはどこにもありません。私もいままでよりグレードを上げないとメダルなんか与えてあげられませんせん、ってね」

日本が銀二個、銅四個のメダルを獲得した世界選手権メルボルン大会で、中国はチーム、デュエットとも四位に食い込んだ。中国シンクロ史上、最高の成績である。

選手たちが、ちょっぴり変わった。顔や態度に自信がほの見えるようになったのだ。

「スポーツっていうのは、勝たせてやってなんぼやと思うんです。格好悪いコーチはお前が悪い、と選手のせいにして勝たせてやらない人。ほんとうに上手にしてやり、目標を達成させてやると、選手は必ず変わります」

大会が終わるころには中国の報道陣の対応も打って変わって好意的になった。記者たちが井村のところにやって来ては、一緒に写真を撮ってほしいとねだったり、鞄に付ける小さなマスコットなどをプレゼントしたり。一つ、また一つとリュックに付けると、リュックはマスコットだらけになった。

井村にすれば「メダルを取ったわけでもないのに」と、こそばゆい気がしたが、メディアをがっちり味方に付けたという証でもあった。


世界選手権が終わると、いよいよ翌年の北京五輪に向けて本格的な練習が始まった。

腕立て伏せが五回とできない選手たちの体力をどうするか。井村の思い描く練習をするにはシンクロの技術を教える前に体力づくりからやり直さなければならない。それにはフィジカル面を鍛えてくれる専門家の助けがどうしても必要だった。

思い浮かんだのは白木《しらき》仁《ひとし》のことだ。スピードスケートの金メダリスト、清水《しみず》宏保《ひろやす》元選手や プロ野球の工藤《くどう》公康《きみやす》元投手（現・福岡ソフトバンクホークス監督）らのトレーナーとして貢献した白木が、初めてシンクロ日本代表に帯同したのは一九九九年にソウルで行われたワールドカップであった。

白木の試合直前の的確なコンディショニングもあって、当時の日本はチーム、デュエットともロシアに次ぐ銀メダルを獲得し、以来、筑波大学体育科学系助教授だった白木がシンクロのフィジカルトレーニングを担当することとなった。

井村の要求は明確だった。水の抵抗を受けにくいように、体をできるだけ円柱のように丸くすることである。「ロースハムみたいに」「足を切ったら断面がまん丸くなるように」と、井村が繰り出すむずかしい注文に応えて、白木は選手一人ひとりに合わせたオーダーメイドの筋肉を付けた。その手腕が最大限に発揮されたのがシドニー五輪のときの選手たちである。

中国へ指導に来てもらえないかと頼む井村に白木の答えは「筑波に来てくれるなら」。それはできない相談だった。しかし、国立大学の職員である白木に無理は言えない。日本から批判を受けている身であればなおさらだ。井村は旧知の島田病院院長、島田永和にSOSを出した。

当時は東京の大学病院に勤務していた理学療法士の浅岡良信は、ある日、島田院長から不意のメールを受け取った。退職して四年もたつのに何だろうと訝《いぶか》しみながら読むと、目を疑うような文面だった。

「中国へ行きませんか？」

シンクロの中国代表チームを指導する井村雅代の傍らで、競技のパフォーマンスを上げるための体力づくりを担うトレーナーを探しているという。

島田と浅岡の出会いは二〇〇〇年に遡る。その四年前に資格を取った浅岡は、地元、千葉県の病院で働いていた。もともとサッカーが大好きな少年だったが、力及ばず選手として活躍することは叶わなかった。それならリハビリのできるトレーナーをめざそうと理学療法士になった。

スポーツ医学分野の学術論文を読みあさるうち、島田の論文を何度か目にした。この医師のいる病院で働きたいと、求人に応じたのだ。経験者は採用しない、新人のみ、と明記されているにもかかわらず、はるばる大阪府の南端まで押しかけ、面接で「どうしても働きたい」と訴えて採用された。

島田病院で積み重ねた三年間の経験が、その後の浅岡の仕事の土台となった。

井村雅代の名前はむろん知っていたし、批判を浴びながら中国へ行ったことも知っていた。しかし、シンクロそのものについては何一つ知識がなかった。

「いきなり中国へ、などという話が来たら、ふつう迷いますよね。でも、全然、迷いませんでした」

浅岡は穏やかな笑みを浮かべて言った。一つには、いつでも身軽に動けるように、好んで根を張らない生き方をしていたからかもしれない。島田病院に三年勤めたあとは、何のつてもないのに、いきなりイタリアのローマに移り住んだ。サッカーが好きで料理が好き。車が好きだし、建築物を見るのも大好きだ。小さな部屋を借りて語学学校に通い、休日には飛び込みでサッカーのクラブチームを回った。まだイタリア語をしゃべれないので「仕事をしたい」と紙に書いて見せた。

初めは相手にされなかった。断られても、断られても、懲りずに訪ねるうちに、あるフットサルチームのトレーナーになることができた。怖いもの知らずの二十七歳のころだ。

一年後、ビザが切れたのを機に帰国。この一年の海外経験が、外国への敷居を低くした。

浅岡は島田からのメールにすぐに返事を出した。

「体と心は行きたい気持ちでいっぱいです。少し時間をください」

勤めて三年になる大学病院で、浅岡はあるプロジェクトにかかわっていた。球技を中心としたスポーツ選手の肘や膝のリハビリを行うスポーツ療法を始めたところだった。浅岡が抜けると、スポーツ療法の流れが途絶えてしまう。それが心残りであったが、未知のことに挑む好奇心の方が勝った。

島田のメールには「一週間後に行ってほしい」と無茶なことが書いてあった。通常、大学病院を辞める場合は半年前に通告するのが習わしだ。

浅岡はすべての患者一人ひとりと会って深々と頭を下げた。ときには自宅まで出向いて詫びたりもした。上司の教授が「オリンピックにかかわるなんてめったにあることじゃない」と、寛大だったのは幸いだった。しかし、両親をはじめ周囲の者は心配や反対をした。知り合いの医師は中国の井村のところへ行くと知って、「もう、お前とは付き合わない」と背を向けた。「中国を強くしてどうする」と眉をひそめる友人や、「水泳連盟の仕事はできなくなるぞ」と忠告してくれるトレーナー仲間もいた。

浅岡は、何を言われてもへっちゃらだった。

「まったく気にしませんでした。ためらいはゼロ。だって失うものなんてないし」

優し気な外見に似ず、芯が強い。

島田からのメールを受け取ったのが二〇〇七年四月二十八日。五月十日には北京にいた。

井村からは「最初からフルスピードでやって」と要請された。当面の目標は体を大きく、強くすることだ。陸上のスポーツならたいてい知っているが、シンクロは生で見るのも初めてだった。どの筋肉をどう鍛えればいいのか、何もかもが手探りだ。

ロシアの選手の演技をビデオで見ると、体つきがまるでちがう。中国の選手は体形こそきれいだが、フニャフニャしていた。浅岡はロシアチームの選手たちの写真が掲載されたカレンダーをみつけて写真を切り抜き、ノートに貼った。足を中心に腹筋、背筋……と部位別に鍛え、シンクロの演技を見ながら自分のトレーニング法がどんな効果を及ぼしたかを確かめた。

筋肉は、やみくもに付ければいいというものでもない。足は、美しく見せたい太ももの前面に筋肉が付きすぎると困るのであまり鍛えられない。そうすると膝を傷めたり、陸上練習で足をひねったりと、けがにつながりやすくなる。美を追求する一面を持つ競技だけに、見た目と強さのバランスをとるのがむずかしい。腕の鍛錬は、主にベンチプレスを使う。ゆらゆら揺れる水の中、立ち泳ぎをしながらリフトで人ひとりを水面上に持ち上げるのだから、しっかりとした体幹と力強い腕が不可欠だ。

浅岡は選手一人ひとりのノートを作り、変化を記録した。腕、胸、おしり、太ももなどを頻繁に計り、その都度、写真も撮った。この方法は言葉の通じないイタリアで選手に変化を実感してもらうために編み出した。中には「女性だから筋肉を付けたくない」とごねる選手もいたが、カレンダーを切り抜いたロシア選手の写真を見せて、「どこがちがう？もっと大きくしないといけないよね」と説得した。

しだいにシンクロの各動作で使う筋肉が把握できるようになり、どう鍛えれば効果が出るか、理解できるようになった。動作によって故障しやすい筋肉や疲労の度合いを分析し、どのトレーニングが効果を上げたのか、データを集積した。効果が出ないときに、そのトレーニングをすぐにやめるか、少し待った方がいいか、その見極めもわかってきた。トレーニングのメニューは十七回も変えた。

けがをしやすい箇所や、どのようなリハビリをして何日で回復したかも細かに書いておいた。これは理学療法士の得意分野でもある。選手一人ひとりの個性や動きのくせもつかんだ。一か月あまりすると、選手たちの体が大きくなったことが、目に見えるようになった。

中国へ渡って初めの三か月はテスト期間ということで、浅岡に支払われる給料は正式なトレーナーの半分、二十万円そこそこだった。しかし、浅岡は給料の額にかかわりなく、なんとしても結果を出して井村の信頼を勝ち得、フィジカルコーチとして一緒に仕事をしたいと強く望んだ。井村のコーチングの能力と技術に衝撃を受けたからだ。まず井村は記憶力が並外れてよかった。

「あんた、一分三十秒あたりで足がちょっと倒れてたよ」

「あんたは三分七秒のところで腕の動きがおかしかった」

井村はビデオも見ずに選手たちに次々にこんな指摘をする。音楽と振り付けが細部までしっかりと頭に入っているのだ。何より舌を巻いたのは水中を見通す能力である。水の上に出ているものを見ると、見えないはずの水中での姿勢や細かな動作がすべてわかる。これには中国の選手やコーチたちも驚いて、「先生、どうして見えるの？」と何度も不思議がった。


選手の潜在能力を見抜く優れたコーチと出会って、一段と輝く選手たちがいる。平泳ぎの北島康介《きたじまこうすけ》選手と平井伯昌《ひらいのりまさ》コーチ。フィギュアスケートの羽生結弦《はにゅうゆづる》選手とカナダ人コーチ、ブライアン・オーサー。テニスの錦織圭《にしこりけい》選手とマイケル・チャンコーチ。記憶に新しいところではラグビー日本代表と元監督だったエディ・ジョーンズ。彼らの活躍を見ればコーチの存在の大きさがわかる。


なかでもシンクロはコーチの果たす役割が他のスポーツにくらべて格段に大きい。

大半を水中に没して演技をする選手は、倒立したとき足がまっすぐに上がっているのかどうか、自分の姿を確かめることができない。ましてチーム全員の動きが合っているかどうかなど知るすべもない。足の微妙な傾き、不揃いになった箇所などを、その場その場で指摘、修正できるのはコーチだけだ。

浅岡は井村の指導を見て、ごく早い段階で北京五輪でのメダルを確信した。

「こんな人が人類の中にいるのか、と驚きの連続でした。そばで学びたいと必死に付いていきました」

浅岡は振り返る。それまでテレビの画面でしか見たことがなかったシンクロという競技の魅力も知った。ただ美しいというだけではない。競泳選手に劣らない速さで四泳法をこなす泳力と潜水能力を持ち、そのうえで発揮される最高峰の技術。音楽に合わせて隊形を変えながら次々にちがった動きを展開する。それを複数の選手でぴたりと合わせて見せる。

「シンクロは鍛えて相手を倒すスポーツではありません。見る人に夢と希望を与えられる、すてきなスポーツだと思います。誤解を恐れずに言えば、最も過酷で最もむずかしい競技ではないでしょうか」

それがフィジカルコーチとしてかかわった浅岡の実感である。

去りゆく者

二〇〇八年八月の北京五輪まで一年を切るころには、選手たちにもかなりの体力が付いた。腹筋百回が平気になり、体重も平均で五キロ増え、メダルを取るという目標に向かって練習が加速した。

井村の練習は極めて合理的だ。目標から逆算して一年前にしておくこと、半年前にすべきこと、一か月前にしかできないことを、綿密な計画通りに実行に移す。陸でする筋トレの時間が少し減り、水中での練習のウエイトが増した。そこで力を入れるのが競泳だ。クロール、背泳ぎ、平泳ぎ、バタフライの四種目を毎日六千メートル泳ぐ。ほかに腰に錘《おもり》をつけた立ち泳ぎや、シンクロ独特の手かき、スカーリングを日課とした。

シンクロにはランドドリルと呼ぶ陸上での練習法がある。音楽を流しながら全員で手の振りを合わせて同調性を高めていく。目をつぶっていても合わせられるくらいになるまでこの練習を繰り返すことで、初めて周りがよく見えない水中でも高い精度で同調させることができるのだ。

以前の中国チームはランドドリルに一日三十分しかかけていなかった。井村はたっぷり二時間を費やした。シンクロの演技の練習に入るのは、これらをこなしたあとだ。基礎練習に多くの時間を割く練習のあり方は、選手だけでなく中国人コーチたちの反発を招いた。なにしろ六時間だった練習時間が倍になったのだ。

コーチたちは「このままでは選手がつぶされる」と、入れ代わり立ち代わり中国水泳連盟の上層部に訴え出た。しかし連盟幹部の井村への信認は篤《あつ》く、「すべてお任せしている。先生の言う通りにしなさい」と取り合ってもらえない。実は長時間の練習に参っていたのはコーチの方だったのだ。

練習に必要な物は、井村の望み通りにすべて用意された。プールサイドに試合時と同じような陸上動作をする台が設置され、審判員が立つ位置から泳ぎを見たいと言えば本物そっくりの審判台が取り付けられた。水中を映し出すカメラに鏡、リモコンで操作できるスピーカー……。演技を真上から撮影するカメラがほしいと言うと、数日後には天井を移動するビデオカメラが取り付けられた。何かを頼んで「ノー」と言われたことはただの一度もない。水泳連盟のシンクロ委員長に礼を言うと、「あなたは要求する人、私はそれに応えるのが仕事です」と、いつも同じ答えが返ってきた。

メダルを取る——。この目標は、選手の気持ちを高ぶらせ、がむしゃらに練習に向かわせていた。

彼女たちは小さいころに選ばれて、すべてのスポーツ選手のあこがれの地である北京の国家体育総局訓練局で練習を積んでいる。出身省の期待を一身に背負って国家のために戦う彼女らには、省と国の二か所から給料が支払われる。浅岡によると省の給料は省の財力を反映するためまちまちで、月に十万円から十七万円くらいまで。国からは一律に四万円ほどだ。ほかに各省の体育学校から給料が出る場合もある。

大会でいい結果を出すと、その度に高額な報奨金が入る。大きな大会になればなるほど報酬も増える。

ただ、入る金額がそれぞれちがっても、不思議なほど他人をうらやんだりねたんだりしない。人はひと、自分は自分と割り切っている。

物価は日本の四分の一ほどで、食費と住居費は国の丸抱え。だから選手たちはみんな豊かでブランド物などを身に着けている。百万円以上する腕時計や最新のタブレット型コンピュータなど、「ぼくには手の届かない物ばかり」と浅岡は苦笑する。

コーチたちはポルシェやBMWに乗っていた。国家体育総局訓練局の敷地内は高級車の見本市さながらだ。浅岡は、選手の一人が「北京オリンピックが終わったら仕事を変えたい」と話すのを耳にした。彼女らにとってシンクロは「仕事」なのだ、と感慨深かった。

どの選手も省への忠誠心が強く、他省へのむき出しの対抗意識を持っていた。苦しい練習を課せられてもライバルの省出身の選手が音を上げるまでは決してやめようとしない。ドライな個人主義で、ときには井村にも堂々と反論する。井村はそんな選手たちが嫌いではなかった。取り繕うことをせず常に本音で生きる大阪人と、どこか相通じるものがあった。隙あらば手を抜こうとする要領の良さもご愛敬だ。

「先生、もっといい振りを考えた」と提案してくるのは、たいてい楽をするための変更だ。トイレへ行って、なかなか戻ってこない選手もいる。マシーンを使って筋トレをするとき、浅岡は選手たちの間をくまなく巡回しながら注意深く機械をチェックする。選手がこっそり負荷を楽な方へと下げてしまうからだ。

井村は選手一人ひとりをよく見ていた。できるのにさぼっている選手には容赦なく怒鳴る。一方で五回も六回もまちがえる選手を黙って見守っていることがあった。浅岡は少し苛立って聞いたことがある。

「まちがえてばかりなのに叱らないのは手を抜いていないからですか?」

井村の返事は予想外のものだった。

「あの子は呑み込みが遅いねん。そやから繰り返し言わないといけないし、何度もやるのを待ってあげなあかんのや」

井村に会う前、浅岡の頭にあったのはプールサイドで怒鳴っている鬼のような形相の井村だ。ところが一緒に仕事をしてみると、生身の井村は思いがけず情の深い人だった。選手らへの心遣いは人一倍で、毎朝、プールサイドに立って選手が来るのを待っている。誰かの体調がよくないと聞くと、ロッカールームへ飛んでいって声をかける。

浅岡も一度、体調を崩したことがあった。連日の脂っこい中華料理に胃をやられ、食事がとれなくなったのだ。「何だったら食べられる?」と聞かれて何気なく「リンゴのすりおろしなら」と言った。その夜遅く、井村が訪ねてきた。すりおろしたリンゴをわざわざ届けてくれたのだ。国家体育総局訓練局は北京市の南の端にある。いちばん近いスーパーマーケットまで歩いて片道三十分はかかる。それを往復してリンゴとおろし金を買い求め、自分ですり下ろしてくれたという。

小さいおろし金しか見つからず、一時間近くもかかったと笑う井村に、浅岡は涙が出そうになった。


二〇〇七年十二月になると、オリンピックに出場する選手を選ぶ選考会が行われた。十三人から十人に絞り込む。コーチにとってはいちばんつらい作業でもある。井村は十三人の選手を前に言った。

「この中からオリンピック選手を選びます。みんなに同じだけのチャンスがあります」

ところが、聞いている選手たちの様子が妙だった。「信じられない」というように白けた表情を向けているのだ。

選考会は選手の技術と演技に複数の審判員が点数を付けて、その合計点で競う。選手と同じ省出身の審判員は、あらかじめはずされている。仕組みはフェアだった。審判員たちは前もって井村のもとを訪れ、五輪でどのような演技を目指し、どのような選手を求めているのか、意見を聞いた。選考会当日、数字で示された結果は井村の評価と寸分たがわぬ公正なものだった。上位十人を選べば済むはずの選考が、このあと騒動になった。

成績順に下から三人をはずそうとすると、水泳連盟幹部から「待った」がかかった。朱《チユウ》 政《チヤン》という名の十三番目の選手を残せと言う。彼女は南京出身のベテランで、確かに実力も経験もあった。しかし、選考会では若手に負けた。にもかかわらず、幹部は朱選手を残して代わりに七番の成績だった十七歳の若い選手をはずすよう求めてきたのだ。「若い選手にはロンドン五輪もあるから」と。

押し問答を続けるうちに、最下位の選手を残そうとする真の意図がわかってきた。彼女がはずれると歴史ある都市、南京を省都とする江蘇省の出身者が一人もいなくなってしまうからだ。

広大な国土を持つ中国は、省が一つの国と言ってもいいほど言葉や文化、気質がちがう。同じ省の者同士は結束も固い。これまでは政治的な配慮で省が偏らないようバランスをとって選手を選んできた。情実がまかり通る世界だったのだ。

井村の方針は至ってシンプルだ。強い選手で戦う。それだけである。折れる気などなかった。最強の布陣で臨まなければメダルはおぼつかない。「残せ」「残せない」の攻防は三日も続き、とうとう井村が押し切った。

はずされた朱政選手は代表チームに入って三年になる。コーチからも選手からも頼りにされる存在だった。中国人コーチには「まるで娘を手放すようだ」と泣き付かれた。井村はこう諭《さと》したという。

「コーチにとっては、いちばんつらいこと。でも、これがスポーツなんだよ」

代表チームの一員でなくなった朱政は、翌日には住み慣れた訓練局の宿舎を出て、一人故郷の南京へと去っていく。国からの給料は絶え、処遇も変わって失うものは少なくない。

井村も身を切られるようにつらかった。朱政の目を見つめて言った。

「音楽に合わせるのが上手なあなたには、ほんとうに助けられた。ありがとう。シンクロをやめないで、またここに戻ってきてほしい。そしてナショナルコーチになって日本と戦おうね。私の言ったことを、すぐには無理でもいつか思い出して」

思うような結果が得られないときどんな振る舞いをするか。そこに人間性が現れる。朱政は言った。

「成績が悪かったのだから覚悟していました。オリンピックには出られないけど、オリンピックでメダルを取った先生に教えてもらったことは私の一生の宝です」

いつしか二人はしっかりと抱き合い、どちらも泣いた。隣の部屋では中国人コーチが声を上げて泣いていた。

母たちの祈り

水と人と音楽が一体となってハーモニーを奏でる競技、シンクロナイズドスイミングは、音楽が重要な役割を果たす。よい音楽と出合えれば得意技は一段と輝き、不出来なところは目立たぬようにカバーされる。楽曲選びは競技の勝敗をも左右する大事な作業である。

中国チームの演技を創作するにあたって、井村がいちばん力を入れたことは地元、中国の人々に誇りと喜びを感じてもらうことだ。演技全体を貫くテーマは「ワンダフル・チャイナ」。中国の悠久の歴史と現在の勢いを数分の演技に凝縮して見せる。

中国へ渡って以来、時間がとれる休日に雑技団や京劇、各種のショーなどを見るために劇場へ足を運んだ。宿舎の自室にいるときは、テレビの京劇専門チャンネルを流しっぱなしにして、中国文化と対話を続けた。中国の音楽CDを手に入るだけ集め、片っぱしから聴いた。中国人のベテランコーチたちが推薦する音楽は、どれも気に入らなかった。

世界選手権で四位につけ、メダルが期待されていた双子のデュエット、蔣文文《ジヤンウエンウエン》と婷婷《テインテイン》姉妹のために「サロメ」を提案されたときは吹き出すところだった。身長が一七五センチ。股下が百センチほど、膝から爪先までが七十五センチもある世界一、美しい足を持ち、優雅な雰囲気をまとう姉妹の個性にまったく似合わない。

チーム用の曲、デュエットの曲、何度突き返したことだろう。二人のベテランコーチは、どちらもオリンピックは初めてだった。

「どれもこれもオリンピックにふさわしくないの。力が入り過ぎているんやね。この強い曲で文句あるか、みたいな……。遊び心がない。人が採点するんだから、審判員を感動させて、それを点数に変えてもらう。でもその感動は押しつけがましかったらダメやね」

思考が煮詰まり、事が思うように運ばないとき、井村は一人、近くの天壇公園を歩いた。世界遺産の公園内では人々が集い、青空のもとで太極拳をしたり書道に励んだりしている。それをぼんやりながめていると、しだいに心がほどけて新たな力がわいてくるのを感じることができた。

提案、却下を繰り返し、ようやく「これなら」と納得できる楽曲を手に入れた。

次に選手を輝かせるのが水着である。泳ぎやすさはもちろんのこと、美も競う競技だから各国とも水着には力を入れる。全身が見えるのはほんの一瞬で、常に体の半分は水の中だ。上半身と下半身、前と後ろ。審判員や観客にインパクトを与える工夫を凝らす。

井村はせっかく地元の開催だからと、著名な中国人デザイナーに双子のデュエット用水着のデザインを依頼した。そのデザイナーが引き受けるにあたって出した条件が「製作は日本ですること」だ。

伸縮性のある生地。それを肌に吸い付くように仕立てる縫製技術で、中国が日本に及ばないことを、そのデザイナーはよく知っていた。

日本代表チームに対しては、これまで大手のスポーツ用品メーカーがスポンサーとなって水着を製作してくれた。製作費を支払えば、仕事として引き受けてもらえるだろうか。

井村はいくつかの日本企業に打診した。答えはすべて「ノー」だった。日本の選手団を応援する公式スポンサーに名を連ねているので他国のものは作れない。それが理由だった。

途方に暮れる井村に手を差し伸べたのが旧知の中小企業だ。公にはせず作ってくれるという。

水着はテーマにふさわしいデザインにして、生地を染めるところから始める完全オーダーである。デュエットで必要なのは二着だが、三十着分作れる一反まるごとを染めなければならない。一種目で約二百万円する勘定だ。二人で二種目、計四百万円にもなる。もし、チームの水着も頼むとなると……八百万円。中国の貨幣価値からすれば、とてつもない額だろう。井村は頭を抱えた。中国人コーチはとんでもないという顔つきで、「無理、無理、無理」と断言した。あきらめきれない井村は水泳連盟幹部とシンクロ委員長に直訴した。

これまで何かを要求して断られたことがない。数日後には望んだものが届いていた。だが、今回ばかりはすぐに「イエス」とはいかなかった。初めて「ちょっと待ってください」と留保された。

四、五日して幹部から「どうぞ」という返事があった。中国人コーチはにわかには信じられず、井村の目の前で幹部に電話をかけた。

「二百万円は一種目の値段ですよ。全部ではないですよ」

すべてを承知したうえでのゴーサインだという。井村は改めて心に誓った。

「選手たちを手ぶらでは帰らせない」と。

井村が二十代でナショナルコーチになったころ、シンクロの水着はまだ既製品を使っていた。海外へ遠征する度にデパートなどに立ち寄って、派手なレジャー用水着を持ち帰ったものだ。競技の普及とともに、水着も演技にふさわしいものをオリジナルのデザインで作るようになった。日本らしさをアピールしたいときは、歌舞伎や地方に伝わる祭り、踊りなど、伝統芸能を参考にする。絵画や紋章から意匠を借りることもあった。

井村が日本代表のヘッドコーチをつとめていたころは、選手を引き連れて本物の歌舞伎衣装を見せてもらいに行ったりした。鶴や桜をモチーフに、誰が見てもわかる日本を演出した。

デザイン以上に重要なのが着心地だ。体への締め付け具合はどうか、呼吸はしやすいか、動きを制限されることはないか。フィッティングのテストを重ねながら、ときに十回以上の修正をかけ完成させていく。短い演技の間、選手がひときわ光を放つよう、仕立て上がった水着にキラキラした大小のラインストーンやスパンコール、ビーズなどを一つひとつ手で縫い付ける。その数は数百個にのぼる。選手が着て生地が伸びたときにスパンコールの間隔が開き過ぎないよう、計算しながらつけていく。水着一着の重さは最大で二百六十グラムまでだ。

裏返すと細いナイロン糸でびっしりとスパンコールを縫いつけたあとがある。ところが目を凝らしても、結び目一つない。選手の肌にふれてチクチクしないようにと、結び目はすべて表に出してスパンコールの陰で留めてあるのだ。

一九八五年に井村雅代が設立した井村シンクロクラブでは、この手作業をずっと母親たちが担ってきた。わが子の上達や勝利を願いながら、心を込めて一つひとつ縫い付けていく。表に出した結び目は、母親ならではの思いやりだ。ときには裁縫が苦手な母親に代わって祖母が根気のいる作業に取り組むこともある。選手たちは引退しても、試合で着た水着を大切に持っているのだという。


「水着にスパンコールを付けていただけませんか？」

水着の製作会社から、あるとき立花美哉の母親、綾子《あやこ》に連絡があった。聞けば中国の代表選手たちがオリンピックの晴れ舞台で着る水着だという。

中国の選手たちは早くから親元を離れて北京で練習に励んできた。水着に最後の飾りを施してくれる家族がそばにはいない。むろん業者に頼むことはできる。しかし、製作者は井村シンクロクラブの母親たちがいつも娘たちのために心を込めてその作業をしていたことを覚えていて声をかけたのだ。

立花綾子は親しくしていた武田美保の母親と二人、二つ返事で引き受けた。

「一人十枚ずつ付けました。よその国の選手だとかなんとか、まったく思いませんでした。シンクロをする子は自分の子と同じです。携わらせてもらって幸せでした。そのことは娘たちも誰も知りません。内緒だと思うとよけい楽しかったですよ」

綾子は、いたずらっぽくそう言った。中国の選手たちが着る水着は、かつてわが子が身につけたものより一回り大きかった。日本の二人の母親は、オリンピックの大舞台に立とうとしている中国の若い選手に自分の娘の姿を重ねながら、一針、一針、きらめくスパンコールを付けた。

美しい水着を手に、中国の選手たちは歓声を上げた。二人の日本のメダリストの親がスパンコールを手縫いで付けてくれたと知って、涙で顔をくしゃくしゃにした。

受難

オリンピックにおけるシンクロの競技は、初めて正式種目となった一九八四年のロサンゼルス五輪から九二年のバルセロナ五輪まではソロとデュエット、九六年のアトランタ五輪はチームのみ、二〇〇〇年のシドニー五輪以降はデュエットとチームの二種目で争われ、それが今日まで続いている。

オリンピックの精神にのっとって五大陸すべてから参加を果たすため、北京五輪からは大陸別に予選会が開かれることになり、その一位の国が出場権を獲得する。大陸予選会で出場権を得られなかった国は、開催年の春に開かれるプレ五輪でチーム八か国、デュエット二十四か国の残りの出場枠を競うのだ。

開催国の中国は、自動的にアジア代表としての出場権を得ていた。井村はここで一計を案じた。プレ五輪に出なくてもいい双子のデュエットを、オープン参加という形であえて出すことにした。彼女らの演技を審判員に見せるためである。

美しい双子が四位に入って話題をさらったのは前年三月、メルボルンで開催された世界選手権でのことだった。その後一年、きびしい練習を重ねた彼女らは見違えるほど上達している。しかし、一年半のブランクを経て五輪本番で双子の演技を見ることになる審判員たちは四位のイメージを引きずったままだ。「うまくなった」と認めるより、自分の見る目の方を疑ってしまう傾向があるという。

「人間が採点するんだということを忘れてはいけません。プレ五輪に出場させて上達しつつあるプロセスを見てもらおうと考えました。そうすれば審判員は五輪で迷わずいい点を出せる。点を出す勇気を審判員にあげようと思ったの」

一方、チームは出場させなかった。チームのフリールーティンはアイディアの勝負。サプライズを期待する審判員と観客のために本番まで見せずにとっておく——。

審判員の心理を読む作戦は、幾度も大舞台を踏んだ者にしかできない芸当だ。

出場枠争いとは無関係だったが、プレ五輪で中国のデュエットは日本を上回ってスペインのペアに次ぐ点数を出した。これがチームの全員を勢いづけて、練習にも弾みがついた。

オリンピックが三か月後に迫った二〇〇八年五月十二日午後二時二十八分、中国中西部をマグニチュード8・0の地震が襲う。死者六万九千百九十七人、行方不明者一万八千二百二十二人（二〇〇八年七月二十二日、中国民生部発表）という大惨事になった四川大地震である。

食堂のテレビが、崩れ落ち瓦礫と化した街や村を映し出す。泣き叫ぶ人、ただ呆然とうずくまる人……。故郷の無残な姿に、二十一歳だった双子の蔣姉妹と二十三歳の王娜《ワンナ》選手が泣き崩れた。いずれも四川省成都の出身だ。

子どものころを過ごした貧しい小さな家は、姉妹のもたらす給料で立派に建て替えられていた。その家中のガラスが吹き飛び、逃げる途中で母親が足にけがをしたという連絡が入った。王の家にも大きな被害が出たが、幸い家族は無事だったという。双子の姉妹の体重は一夜にして二キロも減った。食べ物はのどを通らず、一睡もできなかった。

「練習なんかできない。先生、すぐに帰らせてほしい。故郷のために何かしたい」

選手たちは泣きじゃくりながら訴えた。どこか見覚えのある光景だった。


神戸から大阪にかけての一帯を阪神・淡路大震災が襲ったのは一九九五年一月十七日の明け方だ。ビルや民家が倒壊し、高速道路が落ちた。死者は六千四百三十四人を数え、当時は戦後最悪の災害となった。井村シンクロクラブの選手たちが練習で借りていた神戸市内のプールは真っ二つに割れ、全壊した。大阪市内のプールを借りて練習を再開したのは三日後のことだ。地下鉄がところどころ不通になっていて、選手たちは時間をかけて歩いて来た。

練習を終えると、選手の一人が涙をぽろぽろこぼしながら言った。

「飲み水がない人もたくさんいるのに泳いだり、シャワーを浴びたりできません。先生、ボランティアに行かせてください」

井村も心が揺れた。ほんまや、シンクロなんかしてる場合やないな、と。

選手たちの気持ちを受け止めボランティアとして被災地に行くか、それとも練習を続けるか。迷った井村は保護者会の意見を聞くことにした。立花美哉選手の母親、綾子がきっぱりと言った。

「選手たちや先生のすべきことはボランティアではありません。それは私たち親がします。選手のみなさんはいい演技をすることで被災地の人を励ましてください」

井村は、あっと思った。その通りだった。自分がすべきこと、自分たちにしかできないことは何か、しっかりと考えなければならない。春には日本選手権が開かれる。翌年にはアトランタ五輪が控えていた。

「私たちはスポーツで被災地の人に笑顔を届けよう。感動してもらえる演技ができるよう、ボランティアではなく練習をしよう」

井村は選手たちを集めて説いた。選手たちは、もらったばかりのお年玉を出し合って義援金として寄付をし、練習に打ち込んだ。

神戸を本拠地とするプロ野球チーム、オリックス・ブルーウェーブ（当時）は、選手の多くが被災した。『がんばろうＫＯＢＥ』を合言葉に奮起して、九五年、九六年とリーグ優勝を果たす。九六年は日本一にも輝いて、地元を大いに盛り上げた。

スポーツには人を励まし、勇気づける力がある――。井村はそれを目の当たりにした。この経験があったから、四川大地震の悲劇の中でもやるべきことを見失わなかった。大地震の翌日、動揺している選手たちに阪神・淡路大震災の経験を語って、こう呼びかけた。

「いつも通りに生活ができ、練習ができる自分を責めたらあかん。オリンピックでメダルを取って、四川の人たちを笑顔にしよう。あなたたちにはそれができる力がある」

二日後の午後、国家体育総局訓練局に滞在している選手やコーチ約五百人が集まって被災者のための募金をした。シンクロの選手たちも千元ずつ出した。蔣姉妹は故郷の祖母のためにテントを買って、四川に向かう知人に託した。

大地震のせいで、聖火リレーが一部中止になったり延期になったりする中で、人気の高い五輪代表選手がブログなどで「被災地のために全力を尽くす」と次々に表明し、復興五輪へと国民の気持ちをまとめ上げた。


オリンピック一か月前になると、ヘッドコーチにとっては身を切るようにつらい、あの作業が再び待ち受けている。十三人から十人に絞った選手を、いよいよ最終の九人に絞り込む。五輪の会場に入れるのは補欠一名を含む九名と決められている。

「はずれるのはあなた」と告げられ、呉怡文《ウイウン》は静かにそれを受け入れた。

一年あまり井村の指導を受けて、人柄にもふれてきた。中国人コーチは同じ省出身の選手を露骨にえこひいきするが、どの選手も平等に教え、省の圧力にも屈しなかった井村のフェアなやり方に敬意を抱いていた。ここまできてオリンピックに出られないのはほんとうに悔しく、つらい。けれど、出られないのは自分の力が足りないからだ。そう納得しないわけにはいかなかった。

「最後まで一緒に戦ったメンバーだから」と、井村は北京オリンピックで選手やコーチが身に付ける公式ユニフォーム一組を呉選手に差し出した。

中国を象徴する赤に、うねる波のような模様を胸元に黄色で描き出した憧れのユニフォームは、選手とコーチらの人数分しか用意されない限定品だ。井村は自分に支給されたものから一組をプレゼントした。呉選手は泣きながらそれを抱きしめた。

後日届いたお礼は日本語で書かれた手作りのカードと手作りの箱。箱には折り紙で丁寧に折ったきれいなバラの花が飾られていた。こういうとき、裕福な選手たちは高価な品物を買って贈ることが多い。この時の心をこめて作られた箱は、井村の宝物になっている。

荷物をまとめて故郷へ帰った呉選手。

彼女と井村は時を経て、再び相見《あいまみ》えることとなる――。

まったく、いつ何が起きるかわからない。

オリンピックの十日前、選手の一人、劉鷗《リユウオウ》が熱を出し、水疱瘡と診断された。子どものころにかかったことがある選手は三人だけとわかって、「うつっているかもしれない」とチームはパニックになった。劉選手は北京市内の伝染病棟に隔離され、体育総局の上層部からは「二人目の患者が出たらオリンピックには出場させない」と申し渡された。

幸い、ほかに体調を崩している選手はおらず、さっそく補欠を入れて特訓を開始した。劉選手は中心選手の一人で、チームのテクニカルルーティンとフリールーティンの両方を泳ぐことになっている。入院中の劉選手からは、毎日、すがるような声で井村に電話がかかってきた。

「先生、今日も腹筋を百回したよ」

「音楽に合わせてランドドリルもしてる」

井村は「すぐに泳げるようにしておきなさい。待っているからね」と声をかけながら補欠を入れた練習をやめなかった。

八月八日の開会式が迫り、本来なら数日前に選手村に入って、五輪本番のプールで練習をするはずだった。しかし、国家体育総局からはチームが選手村に入ることも開会式に出ることも禁じられた。

井村は、どうしても選手みんなを開会式に出させてやりたかった。

開会式には特別の思い入れがある。一九八四年、初めてナショナルコーチとしてオリンピックの開会式に参加した。国境を越えて集まった大勢のアスリートたちが、さまざまなユニフォームに身を包んで胸を張って歩く。スタンドを埋め尽くした人々の肌の色も髪の色もまちまちだ。彼らはどの国の選手にも拍手を送り、歓声で迎え、手を振っている。井村は肌が粟立つような感動を味わった。

「歩きながら人種差別は絶対だめなんだ、戦争で殺し合うなんて、絶対だめだ、とストンと腑に落ちた。まさにスポーツの力ですよね。それを若い子にも体験してほしいから」

体育総局の局長に「開会式だけは出させてやってほしい」と直接、訴えた。井村の度重なる懇願にもかかわらず、局長は首を縦に振ろうとしない。だめ、の一点張りだ。だが、簡単にあきらめないのが井村の身上である。連日の訴えに局長の方が根負けし、劉選手を除く選手たちの開会式参加を認めてくれた。晴れの場に出られることになった選手たちが大歓声を上げたのは言うまでもない。

劉選手に退院の許可が出たのは開会式の前日だ。彼女が満面の笑みで駆け寄って来たとき、中国人コーチの一人が「近寄らないで」と叫んで飛びのいた。井村は発疹の跡が残る劉選手を力いっぱい抱きしめた。

さっそく劉を泳がせてみた。十日の間練習を休んでいても、補欠の選手より明らかにうまかった。

補欠はどのポジションでも泳げるように練習を怠らない。しかし、代表チームの一員ながら、試合に出る機会はめったに訪れない。正選手の一人が急な病気やけがで出られなくなって初めて出番がやってくるきびしい立場だ。

「強い選手で戦う」井村のシンプルな原則に従って、補欠選手の夢は十日で消えた。

加油《ジャアヨウ》！

二〇〇八年八月八日午後八時――。

北京オリンピックの開会式が、市の北部に整備されたオリンピック公園のメインスタジアムで開かれた。五十六の民族の子ども（のちに大半が漢族の子どもだったことがわかった）が、それぞれの民族衣装を身に着けて「五星紅旗」を運ぶ。スタジアムで見守る十万人近い観客が振る赤い小旗が一斉に揺れた。太古から宇宙飛行士を送り出すまでの壮大な歴史が絵巻物のように繰り広げられ、古楽器の演奏や筆のパフォーマンス、太極拳などが延々と披露された。

中国の五輪初参加は一九五二年のヘルシンキ大会だ。その後、台湾問題などからボイコットが続く。一九六四年、アジアで最初に開催された東京五輪にも中国は参加しなかった。共産主義国家中国建国のまっただ中にあって、間もなく文化大革命の嵐が吹き荒れることになる。

夏季五輪に復帰したのは八四年のロサンゼルス大会からだ。

オリンピックの自国開催。「中国一〇〇年の夢」の実現を誇示するように、千発を超える花火が打ち上げられた。

二百四の国と地域から、選手・役員約一万六千人が集い、十七日間にわたって二十八競技三百二種目を競うスポーツの祭典の幕開けだった。

シンクロ競技は、八月十八日午後のデュエット、テクニカルルーティン予選が皮切りだ。

オリンピック公園に通じる歩道橋の両側の手すりには、色とりどりの旗や赤い提灯が並んでお祭りムードを掻き立てる。橋の上をびっしりと埋めた人々がオリンピック公園へと急ぐ。

歩道橋の向こうに「鳥の巣」と愛称で呼ばれるメインスタジアムと、ウォーターキューブ、中国名「水立方」が見える。水泳競技が行われる北京国家水泳センター、通称ウォーターキューブは、外壁と四角い屋根がフッ素樹脂フィルムですっぽりと覆われたユニークな外観を持つ。外壁の表面がぼこぼこと丸く膨らみ、水泡に包まれたような空間に仕上がっている。夜になると内側から濃い青や紫にライトアップされて、深海のような幻想的な姿に変わる。オーストラリアの建築設計事務所が、地元中国の建築家らの協力を得て建てた、一万七千人の観客が入る施設だった。

予選の開始は午後三時。一時を過ぎると人々が客席を埋め始めた。最上段の席は、ずいぶんと上の方にあり、シンクロの細やかな動作を見分けられるだろうかと思うような位置だった。

広いプールのあちこちで、各国の選手たちが最後の仕上げに余念がない。中国代表チームのTシャツを着た井村雅代ヘッドコーチも、双子の蔣姉妹につきっきりで指示を出している。

観客席の一角を、数十人の日本の応援団が占めていた。選手の家族や友人たちだと一目でわかる、日の丸を描いた扇子や小旗を揺らしている。少し離れたところにある中国人観客席の近くには井村の長兄、福井《ふくい》敏浩《としひろ》や姉の佐川《さがわ》加代《かよ》夫妻、友人たちが陣取っていた。井村の個人応援団である。

井村の夫、健二《けんじ》の姿は、そのどちらにもなかった。

バルセロナ五輪やアテネ五輪は、七月末から八月半ばにかけて開催された。中学校の教師をしていた健二は、夏休み期間の仕事をやりくりして休みを取り、選手の親たちと一緒に海外へも応援に駆け付けるのが常だった。

妻が中国のヘッドコーチになると知ったのは就任直前のことだ。ある日、雅代に「中国チーム、どんな試合をするのか、ちょっと様子を見てくるわ。空港まで車で送ってくれる？」と頼まれた。そんなことが数回あったあとで、ヘッドコーチへの正式就任を聞かされた。

反対する理由は何もない。

しかし、北京五輪を迎えて、親戚から「健二さん、応援に行こう」と誘われ、日本選手団の顔なじみの親たちからも「先生、一緒に行きましょう」と誘われたときは、正直言って、参った。

「ぼく個人としてはもちろん井村雅代を応援したい。井村が教えている中国も応援したい。けど、日本の席に座って中国への拍手はできないし、中国側の席で拍手したら、日本の選手の親たちが、先生、なんでそっちにいるの？　となるでしょ。行けるわけがない」

夫妻はサブという名の大型犬を飼っており、そのサブを連れて近所の池のほとりを散歩するのが何よりの気晴らしだった。また、健二には、一人暮らしをしている八十代半ばの母親もいた。

結局、「おふくろとサブを放っては行かれへん」と、どちらの誘いも断り通した。

内心では「どっち側にも座れるかいな」とつぶやきながら。

三時十五分前になると、公式練習をしていた選手たちが一斉に引き上げた。客席はほぼ埋まり、オリンピックの三つの着ぐるみキャラクターがにぎやかに登場して、場を盛り上げる。

デュエット予選に出場するのは二十四組だ。

オリンピックでは、技術重視のテクニカルルーティン、芸術性豊かに演じるフリールーティン、それぞれの点数の半分を合計して順位を決め、上位十二組が決勝に進む。

日本は鈴木絵美子《すずきえみこ》・原田早穂《はらださほ》のペアだ。どちらも名門、東京シンクロクラブで十代のころからシンクロに取り組み、金子正子《かねこまさこ》コーチに才能を見出され、きびしい指導を受けて日本代表に選ばれた選手だ。

アテネ五輪では八人のチームの一員として井村コーチに鍛えられ、銀メダルに輝いた。かつての恩師はいま、ライバル中国を率いて目の前にいる。

日本のチームリーダーを務める金子正子は、五輪まで、つきっきりで鈴木・原田組の指導に全力を注いできた。「中国の双子には死んでも負けられない」。ただ、その一念だった。井村と組んで五輪でメダルを取り続けてきた。その相方を敵として五輪で戦う日が来るとは想像もしていなかった。

本番前の公式練習で日本、中国、スペインが同じ時間帯を割り当てられたとき、金子は内心「しめた」と思った。練習の間中、金子は中国の双子姉妹に聞こえるように、大声で鈴木・原田の演技をほめた。

「ワンダフル！　ワンダフル！」

わざと英語で叫んだのは、双子の姉妹に意味がわかるようにするためだ。

双子の蔣姉妹がおびえたような視線を自分たちに向けているのが金子にははっきり見てとれた。

蔣姉妹の出番がくると、観客席はどよめいた。「ジャアヨウ（加油）！」「ジャアヨウ！」と、地鳴りのような大歓声が沸き起こる。がんばれ、の声援である。日本の母親たちの手で付けられたスパンコールがキラキラ光る、イチゴのような赤い色の水着。手足の長い姉妹を引き立て、美しかった。

二人は呼吸を合わせてプールに飛び込んだ。倒立姿勢で両足をまっすぐ水面上に伸ばし、ぴたりとそろえて三百六十度回転しながら水中に沈む――。プールサイドで姉妹の演技を見守っていた井村は目を疑った。長い足の見せ場のスピンで、姉の文文が回り切れなかったのだ。練習でも犯したことがないようなミスである。その瞬間、井村は手からメダルがポロリとこぼれ落ちるのを感じ取った。

フリールーティンでの健闘も及ばず、双子のデュエットは決勝でも四位に終わった。

一位ロシア、二位スペイン、三位が日本。

金子が教える鈴木・原田組は、伝統の日本のメダルを守り抜いた。日本の応援団席からは、ひときわ大きな歓声が上がり、日本メディアの記者たちが次々に応援団席に押し寄せた。


井村はむしろ、自分を責めたかった。

蔣姉妹の欠点は、精神的に脆いところがあることだ。気づいていたから、大舞台にのまれないよう二人を連れてイタリアやスイスの国際大会で戦った。しかし、それだけでは経験がまだ足りなかった。戦って勝つことでしか自信は得られない。もっと多くの機会を与えてやればよかったと、井村は自分が許せなかったのだ。

デュエットの表彰式が終わるやいなや、井村は選手全員を引き連れ、練習用のサブプールに移動した。

春のプレ五輪の結果から、メダルにいちばん近いと思われていた双子の姉妹が失敗した。その事実に、他の選手たちが押しつぶされそうになっている。笑顔が消えて、表情が恐怖でこわばっていた。

「自分たちも失敗するんじゃないか。失敗したらどうしよう」

彼女らの全身が不安で覆われていくのが手に取るように感じられた。こんなとき井村がすることは一つ、原点に戻ることだ。練習である。どのような大舞台に臨もうとも、最後に自分を支えてくれるのはそれまでどんな日々を過ごしてきたかということしかない。誰より練習を重ねてきたという事実だけが、恐怖を乗り越え立ち向かう勇気を奮い立たせてくれる。

「とにかく選手らをバラバラにしたらあかん、そう思いました。怖がっている子を一人にしたら、あれこれ考えて、余計に怖くなる。それは避けたかった」

プールでの練習を終えて選手村に戻ると、人が通るのも構わず外に出てランドドリルをした。気おくれを取り除き、見られることに慣れるためだ。

デュエットの決勝が終わった八月二十日の夕方から、チームのテクニカルルーティンの競技が始まる二十二日夕方まで。井村は片時も選手から離れず、練習に打ち込んだ。国家体育総局訓練局のプールを使ってまで選手たちを追い込んだ。

中国人コーチからは「選手が疲れるからやめてほしい」と何度も懇願されたが、耳を貸さなかった。

いま、しなければならないことは、体力の温存よりも恐怖心をなくすことだ。選手には口もきけないほど疲れ果て、宿舎に帰って寝るだけという時間を過ごしてほしいのだ。

この二日間のことは、井村自身もいつ寝ていつ食べたのか、まるで記憶がないという。採点競技で国の順位を入れ替えることは至難の業と言っていい。しかし、一パーセントでも可能性があるなら、その一パーセントに賭ける。メダル請負人として中国に来て、「メダルを取れなかったらどうしよう」と考えたことは一度もない。考えるのは、どうすれば取れるのか、ということだけだ。

チームの演技は、それを見た中国の人々が喜びと誇りを感じられるように、と練りに練ってきた。

午後三時から始まったテクニカルルーティンを泳ぐ選手たちの水着は白地で、前身ごろの片側にあでやかなピンクの牡丹、もう一方には黒々とした筆書きの「華」という文字が浮かび上がる。頭にはピンクの髪飾り。八人がそろって陸上動作のポーズを決めると大輪の牡丹が匂い立つようだ。

選手たちの顔に恐怖の跡はなく、どちらかといえば苦手なテクニカルで日本を上回って三位につけた。あとはフリールーティン決勝の演技が勝敗を決める。良い流れが続いていた。

井村は選手を送り出すとき、最後にかける言葉をとても大切にしている。教えられることはすべて教え、注ぎ込めることはすべて注いだ。あとは選手に託すしかない。そのときどんな言葉をかけるのか。たいていの場合、選手たちの様子や会場の雰囲気などから、その場その場で決めてきた。だが、今回だけは睡眠時間を削って考え抜いた。井村は一人ひとりの顔を見ながら穏やかな笑顔で言った。

「ここは北京。あなたたちの家だ。家族のみんなが見守ってくれている。思い切り力を出してきなさいね」

地元の大声援を、プレッシャーではなく応援に変えるマジックである。

選手の背中を見送りながら、ああ、自分で泳げたらどんなに楽だろうと、毎回思う。心臓が口から飛び出しそうになる。だが、その瞬間は、「生きている」と心から思える瞬間でもあった。

仕事人

フリールーティンに井村が選んだテーマは「黄河」。朱色を基調にした水着は、白と黄色で描いた竜がうねるデザインだ。プールに飛び込む前の陸上動作はカンフーのポーズ。一瞬にして観客を味方に付けた。ひねりを加えた、高くて多彩なリフトやジャンプ。選手たちが躍動する。

あっと驚く演出もあった。

七人が作る人間筏《いかだ》の上を一人が転がりながら回ってみせた。斬新なアイディアだ。荒れる黄河、凪ぐ黄河、波立つ黄河を「黄河協奏曲」に乗せて、美しい足技で表現する。隊形変化のスピードは速く、見せ場で何度も拍手や手拍子が起きた。黄河の魂を演じきった四分に、井村はメダルを確信した。

日本はブルーと白で竜を描いた水着で登場し、奇しくも中国との竜対決となった。

最初から難易度の高い足技を畳みかけてくるが、せっかくの難しい技が、緩急のない構成のせいで盛り上がらない。観客をひきつける山場がないのだ。終盤は疲れが出たのか、素人目にもわかる乱れがあった。

演技を終えてプールサイドに向かって泳いでいく日本の選手たち。そのうちの一人が、突然、沈み始めた。あわてて抱きとめようとする仲間の選手。飛び込む救助員。会場全体が一瞬、凍り付いた。

担架で医務室に運ばれた選手は過呼吸の症状で、ほどなく回復したとのことだった。

いったんは四位と発表されたが、リフトのときに土台をつとめた選手の足がプールの底に着いたとわかって、減点された。結果はアメリカと同点の五位。日本はこの種目で初めてメダルを逃した。


「もう少しチームの演技を見てやればよかった……」

金子正子は後悔の念を口にした。デュエットにかまけてチームの指導を若いコーチにまかせっきりにし過ぎたと、自分を責めたのだ。

チームの公式練習場面では、デュエットのときと逆のことが起きた。

「行けっ！　行けっ！」という井村の激しい勢いに、日本の若いコーチが完全にのまれてしまった。

「みんな縮こまっているのがわかりました。ベテラン選手がプールの底に足を着くなんて、まずありえないことなのです」

　ロシアは「海の命」を演じて満点を出し、不動の一位を譲らなかった。「アフリカ」をテーマにユーモラスな動きで会場を沸かせたスペインが二位。三位が中国だ。

　中国の選手たちは二人、三人と、泣きながら抱き合った。歓喜の輪の中に、しかし、井村は入っていけなかった。胸にあるのは「ちゃんと仕事をし終えた」という仕事人としての達成感だけだ。

　表彰台では選手たちがメダルを胸に、満面の笑みで手を振っていた。

　井村はその様子を少し離れたところからながめていた。ながめるという表現がぴったりの、どこか醒めた感覚だった。傍らに立っていたフィジカルコーチの浅岡良信にも淡々と声をかけた。

「一緒に日本に帰ろうな」

　その直後、順位を示した電光掲示板に目をやった井村の表情がみるみるこわばるのを浅岡は見逃さなかった。四位のところに「日本」ではなく「カナダ」とあった。日本はアメリカと同点の五位だ。

　実は井村は日本の演技を見られなかったのだ。選手の一人が過呼吸で運ばれたことも、プールの底に足が着いて減点されたことも、知らなかった。

〝いったい、何があったの？〟

　そう思いながら呆然と電光掲示板を凝視している井村に、表彰台から駆け寄ってきた選手たちが飛びついた。井村の首に次々にメダルをかける。

〝ああ、選手らは日本も中国もないなあ〟

井村の目から、涙があふれた。

その夜遅く、何か口にしようと井村雅代は一人、選手村の食堂に向かっていた。向こうからロシアのヘッドコーチ、タチアナ・ポクロフスカヤと数人のスタッフが近づいてくる。

アテネ五輪での忘れられない思い出がある。

「あなたを心から尊敬している。次にどんなものを出してくるか、いつも怖かった」

めったに口をきかないタチアナが、井村にそう言ったのだ。

「五十四歳にして『汝の敵を愛せよ』ということばの意味がわかった瞬間でした。ライバルがいるからがんばれる。敵を超えてやろうと努力するから思わぬ力が出るんやね」

井村はタチアナがいなかったら、こんなに長くがんばってこなかったのではないかと思うときがある。タチアナは、元は新体操の選手でコーチでもあった。シンクロのナショナルコーチに就任するやロシアを世界一に押し上げ、その座を守り続けている世界ナンバーワンのコーチである。バレエをこよなく愛し、音楽を愛し、この曲にはこの振り以外にないと思える振り付けをする。井村に勝るとも劣らない量と質の練習を課して、選手たちと激しくぶつかり合う。

目の前に来たタチアナに井村は声をかけた。

「おめでとう！」

タチアナからは、こんな言葉が返ってきた。

「あなたはすばらしい。シンクロの歴史を変えるようなことばかりする」

二人は、はしゃぎながら初めて一緒に写真に納まった。


十七日間の祭典が幕を閉じ、北京に日常が返ってきた。

コーチ生活三十四年。十二個目のメダルは中国チームと取った。

千人規模の大選手団を送り込んだ中国政府は、活躍した選手も、けがで思うような結果を残せなかった選手も、全員を招いて労をねぎらい、食事を共にした。

メダルを取った種目には選手やコーチはもとよりグラウンドを整備する人やプールの清掃をする人たちにも報奨金が支給される。選手が力を発揮できるのは、支える人があってこそという考えからだ。ずるいところがあったり、マナーが守れなかったりと、困ったことが少なくない隣人だが、礼を尊《たっと》ぶ人々であることはまちがいないと井村は思った。

オリンピックを一か月後に控えたころだった。水泳連盟の幹部が練習プールに飛んできて告げた。

「国の偉い人が激励に来るので受けてほしい」

井村は最初、練習の邪魔だからと気乗りがせず断るつもりだった。すると幹部は青くなって、「いちばん偉い人だから、どうしても」とねばる。「いったい誰が来はるの？」と問うと「胡錦濤《フーチンタオ》国家主席（当時）」だという。「それなら、どうぞ」と訪問が実現した。

直立不動の選手たちは、緊張のあまり手先が震えていた。胡主席は井村のそばにやってきて、笑顔で言った。

「中国チームをメダル争いに加わるほど高めてくれて感謝します。そして日中友好に寄与してくれてありがとう」

人を包み込むようなオーラがあった。メダルを取ったあとならともかく、練習の激励に来る総理大臣は日本にはまずいない。

契約を延長したいと願う中国水泳連盟の申し出を固辞し、荷物をまとめて北京の宿舎をあとにしたのは九月初めのことだった。

井村が率いる中国と藤木麻祐子がコーチを務めるスペインが初めて五輪でメダルを獲得したことで、はからずも日本人コーチの力を世界に示す結果になった。しかし、井村の胸には五位という日本の順位が錘《おもり》のように沈んでいた。日本と中国が競い合ってアジア全体を強くする。このままでは描いていたシナリオが夢物語に終わる。

選手を引退した後、JOC（日本オリンピック委員会）のスポーツ指導者海外研修制度に応募して米国へ留学中だった立花美哉からメールが届いた。渡米して三年目。シンクロの指導者をめざす立花はコーチングの理論と実践を学んでいたが、せっかくの留学期間を切り上げてまで日本に戻って教えるという。それほど危機感が強かったのだ。「もったいない」と止める周りの言葉にも耳を貸さず、ほどなく立花は帰国して井村シンクロクラブでコーチとして教え始めた。

北京五輪後、メダルなしに終わった日本チームの代表選手は、一人残らず引退した。日本の顔になるような選手を、また一から育てよう。

井村シンクロクラブの有望な若手二人のデュエットや、最上級クラスの選手たちを、井村も立花ら若手コーチも懸命に指導した。

第三章

運命のシンクロ

浜寺水練学校

苦難が待ち受ける場所に自ら赴き、必ず結果を出す。
井村雅代の生き方と力は、どのように育まれてきたのだろうか。

一九五〇年八月十六日、井村雅代は大阪で、四人きょうだいの末っ子として生まれた。奈良県の山村をふるさとに持つ父親は、商業学校を卒業後、大阪の材木店に勤め、のちに独立して材木商を営んだ。戦後の復興期でもあり、建築資材を扱う仕事は多忙を極めた。家族で遊びに出かけたことは、雅代の記憶では一度しかない。

「私が三つか四つのころ、子どもたちみんなを海水浴に連れて行ってくれました。平泳ぎをする父の背中に乗せてもらってうれしかった」

敗戦から二年たった一九四七年に父親がつけていた日記の一部が残されている。それを見ると統制品である木材の横流しや闇の売買が横行していたことがうかがえる。値段が三倍にも跳ね上がってからようやく取り締まりの腰を上げた官吏らへの憤りがつづられていて、戦後の混乱期を必死で生きようとする人々の息づかいが感じられる。

「なぜ、あのような戦争をしたのだろう」と、戦争に関する記述が頻繁に登場するのは、兄や親友を戦争で失い、自身も戦地で戦った経験があったからだろう。文末にはその日の自然現象や季節の描写に自身の心情を重ねた俳句が時折、添えられていた。日記を読むと、激変する社会や物事を自分の目で見、考え、自分なりの意見を持つ人物であったことが伝わってくる。

仕事に関することに多くの行数が割かれている日記の中で、ところどころ「父親の顔」がのぞく。

一月十八日。

（仕事仲間と大阪・ミナミで一杯飲んだ時の様子）「すし屋へ行き一皿たいらげ一折と十円のまんじゅう十個、子供に持ち帰る。支払い二百五十円也。難波駅に来た時、駅の隅で三十五、六才の女性が五つ程の子供をつれ、みすぼらしい姿で寒そうにふるえていた。思わず一円ポケットから出してあげたが、後で気がつきもっとたくさんやればよかった、と思った」

四月十日。

「帰りに春風堂へお茶を飲みに行く。（略）チョコレートケーキが一つ四十円であるから驚くが味は良い。四つ家へ土産に持ってかえる。家内も敏浩も、加代もまだ起きていたので一つずつ食べていた。おいしいおいしいと言っていた。おいしいはずだ、一つ四十円もするのだと言ったら、家内は驚いていた」

家庭や子どものことは、母親に任せっきりの父親だった。けれども、家族のことは常に心のどこかにあった。

父親より四つ年下の母親は、一九一七年（大正六年）、上海の租界地で生まれ、育った。貿易商の娘で暮らしは裕福だった。小学校へは馬車で通っていたという。美しいものが何より好きで、日本刺繍が得意だった。亡くなったあと、素人の作とは思えない手刺繍の帯が何本も残された。一枚一枚の花びらが雲のように折り重なった大輪の牡丹、でんでん太鼓と犬張り子、華麗な手毬。橘を大胆に図案化したモダンな絵柄もある。三姉妹のセーラー服やオーバーコートなどはすべて母親のお手製だった。遠足の朝には決まって枕元に新しい手作りのスカートが置かれていて、姉妹を喜ばせた。

井村がパスポートなどを入れている巾着袋は母親の古い半襟を縫い直したものだ。中国、北宋時代の儒学者、司馬光《しばこう》の子ども時代の逸話、「司馬光、壺を割る」の物語をそのまま刺繍で表現している。

「庭で子どもたちが遊んでいたとき、そのうちの一人があやまって大きな水瓶に落ちた。わんぱくたちがオロオロしているのに司馬光一人は落ち着き払って水瓶に石をぶつけ、瓶を割って水を抜き、落ちた子どもを助けた」というエピソードである。

あわてふためいている子どもの顔。瓶から助けられてキョトンとしている子どもの表情。脱げて遠くへ飛んだ片方の沓《くつ》。転がる大小の石。神童伝説が、目の前で起きた出来事のように生き生きと針と糸で描かれているシミのある巾着袋を、井村はいまも大切に持ち歩いている。

祖界地で十二歳まで育った母親は、外国映画が大好きだった。フランスやアメリカの俳優たちのブロマイドをたくさん持っていた。海外からボリショイバレエ団やボリショイサーカスが来日すると、子どもたちを連れて見に行った。「見せるなら本物を」という考えの母で、そのたびに口実をみつけては学校を休ませたり早引けさせたりした。

そんな母親に一度だけ、叱り飛ばされたことがある。仕事ばかりしている父について、小学生の雅代がこう言ったときだ。

「お父さん、お金持って帰ってくるだけやないの」

いきなり張り倒された。そのときの母親の怒りに満ちた形相はいまだに忘れない。

「子どものころは泣き虫のアカンタレやったんですよ」

雅代より五つ上の長女、佐川加代と、三つ上の次女、藤田《ふじた》優子《ゆうこ》はこう口をそろえた。

今の井村を知る者には、にわかには信じがたい。

内気な雅代は卵から孵《かえ》した手乗り文鳥をとてもかわいがっていたが、小鳥はどういうわけか、足が不自由だった。餌を上手についばむことができない文鳥のために、雅代はお箸で餌を一口ずつ根気よくくちばしに運んだ。背中を丸めた小さい雅代の姿を姉たちは覚えていた。

小学生のころは、学校や近所の子どもたちによく泣かされた。

「誰に泣かされたん？」

　加代は、そのたびに箒《ほうき》を持って妹をいじめたガキ大将を追いかけた。たとえ相手が家に逃げ込もうとも家の中まで追いつめてピシャリとやっつけた。

　のちにシンクロのコーチとして中国行が決まったときに、ある新聞が事実でないことを根拠に雅代を批判する記事を載せた。すぐに新聞社に電話をして猛烈に抗議したのは加代だ。

「むかし、箒を持って悪ガキの家に乗り込んだのと同じですね」

　おっとりと優しげな加代は、気恥ずかしそうに身を小さくした。雅代に対するバッシングの嵐が吹き荒れたとき、「世界中の人が敵に回っても、私たちきょうだいだけは味方しようと決めてました」と優子も言った。

　末っ子の雅代は、両親にも兄や姉たちにも慈《いつく》しまれて大きくなった。宿題を終えるまでは決して遊びに行かず、夜も忘れ物がないか、ランドセルの中身を確認してからでないと寝られない。毎朝、登校前に母親につきっきりで書き取りを教えてもらう。おかげで漢字のテストは毎回、満点だった。

「気が小さくて、生真面目だった」

　それが雅代自身による幼いころの自画像だ。しかし、内気な衣の下には負けず嫌いの芯が隠されていた。雨の日などは、きょうだい仲よく「坊主めくり」をして遊ぶことがよくあった。雅代は負けると大声で泣いて騒ぎ立て、兄や姉たちを閉口させた。

「負けるのだけは絶対、いややった。そこはいまと一緒やね」

アハハ、と、雅代は声をあげた。


シンクロとの縁を結んだのは浜寺水練学校への入学である。

多忙なせいで子どもたちとふれあえないことに心を痛めた父親が、きょうだいをそろって浜寺水練学校へ通わせた。浜寺水練学校、通称、浜水は、設立から百十年も続くスイミングスクールの草分けだ。

「国民皆泳」を掲げて、毎日新聞社が大阪・浜寺の海岸に水泳練習場と海水浴場を開設したのは一九〇六年（明治三十九年）七月、日露戦争の戦勝気分も冷めやらぬころだ。

当時、水泳は武術の一種ととらえられており、泳ぎの訓練をするのは一部の者に限られていた。毎日新聞社は、せっかく周りを海に囲まれているのにもったいないと、海に親しみ泳ぎを学ぼうと若い男女に呼びかけて、大阪湾の一角、浜寺海岸に夏季だけの水練場を整備した。

最初の夏は一日平均百人あまり、ひと夏で千百七十二人の生徒が集まったという。訓練するのは紀州藩に江戸時代から伝わる村上水軍能島《のじま》流の日本泳法だ。明治時代の終わり、生徒たちが神戸の居留地の外国人たちと国際競泳大会を開いて競い、完敗した。そのときの外国人たちが行っていた「見たこともない泳ぎ」＝クロールをいち早く導入したのも浜水だった。

一九二二年（大正十一年）には名称を「浜寺水練学校」と改めて、近代化を進めていったが、一九四五年、敗戦の夏は、さすがに休校を余儀なくされた。しかし、翌年には食糧も水着もろくにない中で再開にこぎつけた。戦後の高度成長期には水練学校が存続の危機に見舞われる。海岸を埋め立て、堺臨海工業地帯を造成することになったからだ。大阪府は、消滅する海水浴場に代わって、海岸近くの浜寺公園に三つのプールの建設を決めた。水練学校はそれまでの実績を訴え、夏季の特別使用を求めて大運動を展開し、ついに府に認めさせた。

白い砂浜と青い松が姿を消した一九六三年、浜水は鍛錬の場を海からプールへと移して今日まで途切れることなく続いている。

浜水の仕組みはシンプルだ。入門して顔を水につけるところから訓練を始め、段階を経て日本泳法十数種目、競泳四種目、遠泳一万メートルの卒業試験に合格すると、「卒業」と認定される。

卒業生は、次は教える側に回って後輩を指導する。浜水には中学生や高校生の「先生」たちが大勢いた。社会人になっても喜んで教えにくる卒業生が少なくなかった。

こうして毎年千人以上、これまでに数十万人にのぼるカッパを送り出してきた。

特筆すべきは、浜寺水練学校が初めから女性に門戸を開いていたことだ。

開設に先立ち毎日新聞が掲載した社告（明治三十九年六月十五日付）には次のように書

かれている。

「（略）海事思想の養成まず急にして、これがためには国民ことに青少年の男女をして海を知らしめ、海と親しむるにしくはなし。これが方法として海上遊泳を学び、もしくは海水浴の習慣をやしなうをもって、もっとも簡易なる手段とす。（略）よって本社は本年の夏季を利用して多数の男女の来遊に適せる平民的海泳練習所および海水浴場の新例をひらかんとす」（『毎日新聞社浜寺水練学校１００年史』）

実際、女子の入門者は年々増えていった。一九一五年（大正四年）から指導者をしていた井上ひで子が「水泳技術は男子より女子の方が勝り、特に水中での耐久力、浮身術などは女子の方が得意である」と女性の適性を見抜く発言をしていたことが記録に残されている（同）。

八年後には正式に女子部が発足した。浜寺水練学校がどこより早くシンクロナイズドスイミングに取り組んだのも、来歴を考えれば当然の成り行きであった。

小学四年生の井村雅代と兄、姉たちが下駄をはいて浜水に通ったのは、ちょうど白砂青松の海からプールへの移行期に当たる。浜寺水練学校の人気はピークを迎え、入学受付の日には親たちの長い行列ができた。

一学期が終わると次の日からチンチン電車に乗って大阪から堺市の浜寺へと向かう。青空の下で、毎日、毎日、何時間も泳ぎ、夏の終わり、二学期が始まる直前にその年の水練学校は幕を閉じる。

「泳いでくたくたになった帰り、浜寺公園駅の前にある店で一つ五円の揚げたてのコロッケを買うのが何よりの楽しみでした。二学期の始業式は四人とも恥ずかしいくらい真っ黒で」

兄の福井敏浩は、昔をたぐり寄せるように遠い目で語る。

小学六年生になって、雅代の内気な性格が百八十度変わるほどの出来事が起きた。

絵を描くのが得意だったので、図工の時間を楽しみにしていた雅代だったが、ある日の授業で、画用紙に墨で抽象的な輪郭を描き、それに絵具で思い思いの色を塗って作品を完成させるという課題が出たことがあった。雅代の絵を見た担任の教師は、「色の使い方がうまいなあ」とほめた。

しばらくして、教師は一枚の画用紙を持ってきた。同じクラスの女子生徒が、墨で輪郭だけを描いたものだ。「これに色を塗って仕上げてやって」と頼まれたので、喜んで引き受けた。

その絵が大きな展覧会に出品されて入選したと知ったのは、ずっとあとのことだ。入選作品には女子生徒の名前だけが記されていた。雅代の存在は無視された。

〝私も手伝ったのに、おかしいやん〟

そう思ったけれど、教師にも同級生の女の子にも何も言えなかった。彼女の親はＰＴＡの役員で、教師とは日ごろから親しかった。全校生徒の前で表彰される女子生徒を見ながら、口惜しさが込み上げた。雅代が黙っていたために、その絵は彼女ひとりで描いたことになった。

「この出来事がきっかけで私は変わりました。それまでは先生のすることに疑問をもっても何も言わずに我慢しました。でも黙っていたら認めてもらえない。真実をゆがめることにもなると思い知らされましたから」


中学校への進学という環境の変化は殻を破る好機になった。

おかしいと思ったことは、相手が教師でもおかしいと言おう。国語の教師は、授業中、クラスでいちばん勉強のできる男子生徒にばかり答えさせようとする。職員室まで出向いて「えこひいきはよくないと思います」と申し入れた。国語教師は、ひいきは認めなかったが、その男子生徒だけを指すことはなくなった。

はっきりものを言うせいか、いちばんの親友を除くと、周りに集まってくる友だちは、なぜか不良と呼ばれるような子が多かった。家庭の事情などで落ちこぼれている同級生と分け隔てなく付き合った。

その子たちが雅代の家に遊びに来ると、母親は必ず家に招き入れ、お茶を出した。

「よそのオカンはオレらと付き合うな、って言うのに、お前のオカンだけは入れ、って言うてくれた」

不良たちは、雅代が結婚して家を出てからも「おばちゃん、元気にしてる?」と、ときどき家をのぞいて母親に声をかけてくれたという。

常にクラスで五番以内の成績を保ち、不良たちにも一目置かれている雅代を、教師もいつしか頼りにするようになった。掃除をさぼって下校しようとする不良たちを引き止め、持ち場をきちんと掃除させるのが雅代の役目になった。

「ちゃんと掃除せなあかん」

彼らは雅代の一声でしぶしぶ割り当てられた場所へ行き、「もう、ええよ」と言われるまで掃除した。

同じクラスにスポーツ万能、走るのもめっぽう速い女子生徒がいた。しかし運動が得意なのに、一年生の運動会の日は、なぜか欠席した。上が木綿の白シャツで下が紺のブルマーという女子の体操服が気に入らず、ふだんの体育の授業はブルマーの代わりに勝手に足にぴったりした白い長ズボンで通していた。来賓や親たちが大勢見に来る運動会でそれは許されない。だからさぼったという。

保健体育委員をしていた雅代は、足の速い彼女にどうしても運動会のクラス対抗リレーに出てもらいたかった。説得を重ねて「しゃあないな」と引っ張り出すことに成功し、雅代のブルマーをはかせてアンカーに据えた。女子生徒は風のごとく走って一等でテープを切った。

ゴール前で彼女を待ち構えていた雅代の耳に、保護者席の親たちがこれ見よがしに言う声が聞こえてきた。

「あの子、在日韓国人なんやて！」

それがどうした。雅代はキッと保護者席をにらみつけた。

三年間、浜寺水練学校に通って「卒業」と認定された雅代の前に三つの進路が示された。日本泳法を極めるか、シンクロナイズドスイミングをするか、水球か。

シンクロの競技を見たことのある母親が、迷っている雅代に言った。

「シンクロって、きれいやで」

中学生になったばかりの雅代は、あまり考えもせずシンクロの世界に足を踏み入れた。ずぶずぶと深みにはまっていく泥沼人生の始まりであった。

白い足の衝撃

「水面の上に伸びたまっすぐな白い足がライトを浴びてどれほど美しかったことか……。あのときの感動はいまでも忘れることができません」

生まれて初めてシンクロナイズドスイミングを目にした伊佐美璋子《いさみてるこ》は声に力を込めた。

忘れもしない、一九五四年七月三十日の夜である。ノーマ・オルセン米国シンクロ委員長が全米選手権優勝チームを率いて駐留米軍の慰問に訪れた。その際、演技が初公開されたのだ。

東京・神宮プールのスタンドを埋め尽くした観客に混じって、浜寺水練学校出身の伊佐美は食い入るように演技を見つめていた。八十歳になるいまも現役でシンクロを教える伊佐美が十九歳のときだ。

米国チームの華麗な演技に魅せられながらも、「日本泳法や楽水の土台がある浜水ならシンクロはやれる」と確信に近い思いを抱いた。「あの美しいシンクロを、どうしてもやりたい」と強く思った。

武術にルーツを持つ日本泳法には敵の陣地を偵察するために水中から高く飛び上がる「鰡飛《いなとび》」、手だけで泳ぐ「伝馬」、敵にみつからないよう潜水で目的地に近づく術などがある。立ち泳ぎも基本だ。

さらに、浜寺水練学校には大正時代に編み出された「楽水群像」という独自の種目があった。「抜手」「舞鶴」「伝馬」「鷗泳《かもめ》ぎ」など日本泳法のいくつかを一つの流れに組み立て、号令や笛に合わせて集団で演技をする。

米国チームの初来日に先立つこと四年。

敗戦から五年たった大阪・扇町公園に、立派な五十メートルプールが完成した。その完成披露のエキシビションとして、初めて笛や号令に代わって音楽に合わせた「楽水群像」が演じられた。

泳ぎに合う音楽を求めて宝塚歌劇団の作曲家にオリジナル曲を依頼し、自ら振り付けを考案して指導したのは浜寺水練学校の師範、のちに「日本シンクロの父」と呼ばれる故・高橋清彦《たかはしきよひこ》である。十五歳の伊佐美を含めた浜水の女子選手総勢二十四人が動きと気持ちをひとつに泳いだ十四分間の「楽水群像」は、五万人の観客の大きな喝采を浴びた（『毎日新聞社浜寺水練学校90年史』）。それゆえ米国チームの演技を目の当たりにして、伊佐美以上に興奮したのは、「楽水群像」のメンバー五人を連れて列車で十時間以上かけて上京した高橋だった。

高橋は音楽に乗せた「楽水群像」を作るために海外からも集められるだけの資料を取り寄せた。その中には米国のシンクロの資料も含まれていた。

一八〇〇年代からヨーロッパ各地でマスゲームのように行われていた群泳がアメリカに渡り、初めて「シンクロナイズドスイミング」と呼ばれたのは一九三四年のシカゴ万博である（『毎日新聞社浜寺水練学校80年史』『日本シンクロ栄光の軌跡』）。競技としての体裁を整えたのは米国だ。

シンクロと「楽水群像」との共通点を見て取った高橋の頼みで、英語の得意な浜水所属の学生たちが手分けして米国シンクロの競技規則などの翻訳に取り組んだ。けれども、たちまち行き詰まった。

次々に登場する難解な専門用語。泳ぎの姿勢を表す単語「オイスター」や「フラミンゴ」も、見たことがないためお手上げだった。高橋はオルセンに直接依頼し、シンクロの解説書などを米国から送ってもらって研究に突き進みながら、同時に浜水での選手育成にも乗り出した。初めて見る生のシンクロに衝撃を受けたのは東京の水泳関係者たちも同じだった。長く日本水泳連盟シンクロ委員長を務めることになる故・串田《くしだ》正夫《まさお》らは米国チームとの交流に尽力し、連続四年、オルセン委員長に来日を要請して指導を受けた。YWCA、YMCAが普及のための講習に取り組んだ。

東京にはバレエ団の中や大学にシンクロの小さなクラブが五つほど芽生えていた。串田はマッチ棒などを使って演技の構成や振り付けを教えながら東京ウォーター・スプライト所属の飯田紀子《いいだのりこ》ら第一世代の名選手を育てていった。高橋と串田らは力を合わせて日本のシンクロ競技規則の作成に取り組んだ。その努力が実り、五五年には日本水泳連盟が、翌五六年にはFINA（国際水泳連盟）がシンクロを正式種目に認定した。

五七年、浜水にシンクロ部が誕生し、その年の八月には、早くも第一回日本選手権大会が東京で開かれた。出場したチームは東京、浜松、大阪などから四つのみ。選手三十二人が参加した。

ソロの初代チャンピオンに輝いたのは東京ウォーター・スプライトの飯田紀子で、デュエットもチームも東京ウォーター・スプライトが優勝を独占した。

浜水はチーム二位、デュエット三位と、涙をのんだ。浜水の選手だった伊佐美がデュエットとチームで初優勝を勝ち取ったのは一九五九年、第三回大会のことである。

東京では、第一回から三回までソロで連続してチャンピオンとなった飯田紀子が新たに東京シンクロクラブを創設した。ほかの小さなクラブは東京シンクロクラブに合流し、競技の普及に一段と力をそそぐことになった。

このころの苦労話は尽きることがない。まず、指導者がいなかった。水中で逆立ちするほど、どこに力を入れればまっすぐ倒立できるか、それさえわからない。選手同士があぁでもない、こうでもないと、試行錯誤を重ねていった。東京でも大阪でも、練習場所の確保がむずかしかった。夏だけ開校する浜水には、常時使えるプールがない。

「頭を下げまくって大学などのプールを借りました。外にあるので真夏以外は寒い。水温が十四、五度でも練習しました。前の年からそのままの水にはゴミが浮き、藻が生えて、水は緑色。アメンボが泳いでいました。よく病気にならなかったものですよ」

伊佐美はそう言って眉を寄せた。水着も初期のころはウールで、重くてたまらなかったという。

なかでも困ったのがノーズクリップだ。シンクロに欠かせない小道具が、日本にはどこを探してもない。鼻にテープを貼ってしのいでみたが、水に濡れるとはがれてしまう。いちばんましな代用品が洗濯ばさみだった。

「木か竹でできたものを使っていました。もう痛くて、痛くて……。でも、鼻に水が入るよりはましでしたから」

今から思えば嘘のような話である。やがて米国から取り寄せられるようになった貴重なノーズクリップは、ゴムが劣化しないよう天花粉を入れた小さな箱にしまって、大切にしたと伊佐美は語る。

高橋清彦は日本国内にとどまらず、各国を巻き込んでシンクロの国際的なレベルアップに奔走した。

高橋にはシンクロをオリンピックの種目にするという悲願があった。そのためにはFINAのもとに詳細な競技規則を制定し、採点を客観的なものに統一する必要があった。

FINAシンクロ委員会が発足し、米国、カナダ、オランダ、ドイツ、フランス、スペイン、インド、エジプトと日本が構成メンバーになった。

一九七三年、ユーゴスラビアのベオグラードで第一回世界選手権大会が開催された。参加した十四か国のうち、すべての種目でアメリカが優勝し、カナダが二位となった。日本は浜水の藤原昌子《ふじわらまさこ》・育子《やすこ》姉妹のデュエットで銅、チームは四人だけの出場だったにもかかわらず銅メダルを獲得した。意外なことに、日本はシンクロが競技スポーツと認められた草創期から強豪国としてスタートを切ったのだ。


中学生でシンクロを始めた井村雅代は浜水のシンクロ部でコツコツと練習を積んだ。目立つような才能があったわけではない。ただ、練習を重ねて少しずつ上達するのがうれしかった。真面目な性格そのままに、練習にも真面目に通った。授業中は机の下で上靴を脱ぎ、両足をそろえて爪先立ちで聞いていた。水面から伸びたシンクロの足は、足首から爪先にかけて鳥のくちばしのように緩やかな弧を描くのが美しい。そういう足を作るために努力を惜しまなかった。

大阪府立生野《いくの》高校へ入学してもシンクロを続けた。クラブ活動は、迷わず水泳部に入部した。

　進学校なのでシンクロと勉学の両立はそれなりに大変だった。一学年の生徒は五百人。試験があると上位百人の名前が張り出される。負けず嫌いの雅代は二十五番になったこともあった。

　中学校の教師になろうと決めたのは二年生のときだ。

　体育教師で水泳部の顧問だった小井《こい》平吉《ひらよし》は現役の国体選手でもあり、みんなのあこがれだった。

　部の練習のときは、「ついて来い」と、さっそうと背泳ぎで先頭を行き、部員みんなが懸命に追った。小井から学び、影響を受けた雅代は、自分もたった一人でもいい、誰かの人生に影響を及ぼす仕事がしたいと考えるようになった。

　三年生に進級すると、小井が担任になった。受験が近づいていたが、雅代はシンクロの練習に多くの時間を費やした。浜水チームの一員として日本選手権に出ることになったからだ。優れた先輩たちのおかげで優勝を勝ち取り、初めて体の奥底から喜びが沸き上がる体験をかみしめた。だがその代償は大きく、直後の九月に行われた実力テストはビリから三番という惨憺たる成績だった。中くらいまで落ちるかな、というそんな甘っちょろい予想は打ち砕かれた。

　決意を表すために髪を短く切った雅代は、担任の小井のもとへ行った。

「大学へ行きたいからシンクロをやめて勉強します」

雅代はシンクロをしていることをあまり人には言わなかった。ことさら隠していたわけではないが、「シンクロ」と言うと、たいてい「え、なに?」と問い返されるからだ。

「音楽に合わせて水の中で足を上げたり、くるくる回ったりするスポーツなんよ」

そう説明しても、実際に見たことがなければわからない。いちいち解説しなければならないのが恥ずかしかった。シンクロをしていることが、いつの間にかコンプレックスになっていた。

小井は、あっけらかんと言った。

「あのなあ、シンクロやめるなんて、やめておけ。人生は長いんやで」

自分でも「パッとしない」選手だと思う。けれども、「ちゃんと練習に通って来たらどうにかしてあげる」、そんなコーチの言葉を信じて真面目一途に続けてきた。小井は、誰も知らないマイナースポーツに黙々と励む自分を認めてくれている。そう思えてうれしかった。

簡単にあきらめないところが取柄だったはずだ。やっぱり、やめたくない。しかし、シンクロを続けながら国公立の大学を目指すのはとうてい無理だ。私学となると、費用がかさむ。

雅代は考え込んだ。

雅代が生まれ育った福井家では、姉妹三人は平等に扱われていたが、兄の敏浩だけは、ちょっぴり別扱いだった。敏浩は大学を卒業した。父親の家業を受け継ぎ、二十代の三年間、米国で森林科学を学んでもいる。二人の姉は大学へは行かなかった。女性の大学進学率がそれほど高くなかったころだ。自分だけ家計に負担をかけるのは心苦しかったが、資料を調べてみると天理大学の学費が比較的安かった。

退路を断つ

進学校である生野高校から天理大学をめざした生徒はおらず、入試に関する資料はなかった。ふだんの授業と予習復習に真面目に取り組み、大学入試は難なく突破した。

天理大に入学した雅代が味わったのは意外なことに疎外感だ。多数の学生を抱えてバリバリと練習に励む柔道、大学の五十メートルプールを我が物顔に使う競泳陣。彼らを横目に、雅代は放課後になるとそそくさと大学を出た。浜寺水練学校シンクロ部の練習場所に向かうためだ。体育学部を持ち、スポーツ分野での人材養成に力を入れる大学に、雅代の居場所はみつからない。シンクロのようなマイナースポーツに取り組んでいる者は、他にはいなさそうだった。自分だけが置き去りになったような気がした。

五月のある日、水泳担当の教官、岸楢夫《きしならお》がわざわざ声をかけてきた。

「入試の特技試験で君に何点つけたと思う?」

戸惑う雅代に岸は言った。

「百点をつけた」

全国各地にシンクロ選手が何人いるか調べたという。その中での優勝経験は大したものだと岸はほめた。雅代は目が開かれる思いだった。シンクロというスポーツを正当に評価してもらえたことがたまらなくうれしかった。こそこそするのは、もうやめよう。自信を持っていいんだと、自分に言い聞かせた。

「シンクロのことはよくわからないが、論文の書き方や検証の仕方はわかっている。卒論を書くときは相談に来なさい」

そう言い残して岸は去った。雅代にとって、小井と並ぶ「生涯の恩師」との出会いであった。

一九七三年の春、大阪市立中学校の保健体育教師に採用されたのは男女一名ずつで、その女性一人が井村雅代であった。

教師になってもシンクロの選手は続けていた。高三のとき日本選手権で優勝して以来、東京勢にチームで一度も勝てていない。負けのままで引退するのは悔しかった。先輩が味わわせてくれた優勝の喜びを、後輩たちにも味わってもらいたかった。教師になった年にようやく雪辱を果たし、思い残すことなく現役を退いたが、シンクロとの縁は切れなかった。翌年からは、頼まれるままに引き続き浜水シンクロ部にコーチとしてかかわることになったのだ。

転任してきた三つ年上の保健体育教師、井村健二と結婚したのは二十六歳のときだ。古武士のような風貌で、一見怖そうに見える健二は、同僚たちを誘って毎晩のように飲みに行っていた。シンクロの練習がない晩は、たまに雅代も仲間に入った。健二が同僚たちからとても慕われ、信頼されているのがその場の空気や会話から伝わってきた。教師という仕事に懸命に向き合っている姿にも好感が持てた。

「男の人にすごく好かれていて新鮮だった。同性に好かれるのは大事なことやからね」

一方、健二は、雅代がしっかりしていて気が強く、自分の考えを持っているところに惹かれたという。

「べったり頼られるのは好きじゃない。ぼくがいなくなっても一人で生きていける。そう思えるところがよかったのかな」

健二は照れた。

シンクロのコーチを続けることにも賛成だった。

「転勤してくれへんか」

健二のプロポーズの言葉である。

浜水のコーチになって四年目には日本代表コーチも兼ねるようになり、教えることに手ごたえを感じ始めていたが、まだ夢中で手探りしているに過ぎなかった。

二十七歳のとき、浜水の看板デュエットである双子の姉妹、藤原昌子・育子ペアの指導を任された。練習中の二人のスピンが微妙にずれている。しかし、どこが悪いのか、何が原因なのかがわからない。

「だいたい合ってる」

　雅代が言うと、藤原姉妹は互いに顔を見合わせ、妙な表情をした。日本のチャンピオンとして世界の舞台で戦う姉妹は、新人コーチの雅代より優れた実力の持ち主だった。スピンが明らかにずれていることが自分たちにはわかるのに、コーチにはわからない。その失望が思わず顔に出てしまったのだ。

　雅代はせっかく磨きがいのある選手たちを目の前にしながら、原因を見抜けず、的確な指導ができないことがつらく、悔しかった。

　シンクロの同調性とは何か。「合う」とはどういうことか。ひたすら考え、追求した。練習中は、姉妹の動きを一つひとつノートに細かく書き出した。泳いでいるときの手の角度や指の形、水面からの深さ、構えて準備する位置、力の入れ方、泳ぎの軌跡……。どういう状態になったとき、見ている者は「合っている」と感じるのか、ビデオを見ながら観客の目になって検証した。

　動作をノートに書き出しては、ビデオで検証する。練習のたびにその作業を繰り返して半年ほどたったころ、姉妹の動きが水を透してプールサイドからくっきり見通せるようになった。

　いま、井村が選手たちを指導している様子を見ると、あきらかに水中を見通す目の力があるのがわかる。選手が水面下でうまくできなかった箇所、間違ったところを具体的に指摘する。まるで透視術を身に付けているかのようだ。

「水の中？　見えますよ。泳ぎの全体をパッと見ると、水の中でどうなっているかは全部見えてます。合っていないときは、何が原因か、一瞬でわかる。水面に見えているものがおかしいときは、水の中がおかしくなっているんです。角度か、音の取り方か、構えなのか、原因も瞬時にわかります」

「合わせる天才」と呼ばれる井村の原点は藤原姉妹を相手に苦闘した日々にある。

教師とコーチ。二足のわらじを履く毎日は、忙しくても充実していた。睡眠時間は五時間そこそこだったが、若さで乗り切った。

ある日、雅代は夫の健二とともに浜寺水練学校の幹部たちに呼び出しを受けた。シンクロの普及に心血をそそいでいた高橋清彦はじめ、幹部四人が顔をそろえて待っていた。大先輩の伊佐美璋子もその中にいた。

「教師を辞めて浜寺でシンクロのコーチに専念してもらえないか」

高橋の話は思いがけないものだった。

一九八四年のロサンゼルス五輪ではシンクロが正式種目に採用されることになった。高橋の悲願はオリンピックでメダルを取ることだ。体格に恵まれない東洋の小さな国が、欧米選手らと互角にメダル争いをする。それは高橋がシンクロを導入した当初から描いていた夢である。

井村の指導者としての才能を早くに見出し、駆け出しコーチのころからかわいがってきた。

一方、雅代は教師という仕事への愛着が深まるばかりだった。荒れる学校で、逃げずに不良たちと向き合う日々。教師は天職だとさえ思った。

高橋らは「日本のシンクロを発展させるためにどうしても奥さんの力を借りたい」と、健二にも丁重に頭を下げた。雅代は自分の進路を決める席に夫が呼ばれたことに違和感を持った。そうすることで外堀を埋めようとしているように感じられたのだ。

教師か、シンクロか。どちらも大好きな二つのうちから一つを選ぶ。そんなことは想像もしていなかった。何日も迷い、悩んで、最終的にはシンクロを取った。

「自分にしかできないことは何か？」

それを突き詰めた末の選択だ。一九八一年、八年続けた教師の職を辞した。

その年六月、高橋清彦は暴挙とも思える行動に出た。二億円以上の私財を投げ打ち、自宅の庭にシンクロ専用の室内プールを建設して周囲をあっと言わせたのだ。

シンクロの練習には深いプールが欠かせない。自分たちのプールを持たない浜水は、深いプールを求めて日替わりで転々とした。

高橋は、堺市周辺では知らない者がない大きな総合病院の院長であり、経営者でもあった。父から受け継いだ精神科専門の病院を総合病院に押し上げたのは彼の手腕だ。

庭に完成したプールは深さ三・三メートル。地下通路に選手の泳ぎを確認するのぞき窓を備えた本格的なものだった。「高橋プール」の完成で、雅代は心ゆくまで練習に打ち込んだ。営業用ではない「高橋プール」には、一般家庭と同じだけの水道代やガス代がかかる。維持費は月々、百数十万円に上っていた。

「先生の奥さまは、そんな物を自宅に造ることを黙って許された。物静かで地味な方でしたが、夫のたった一つの道楽を理解し、私たちが行っても嫌な顔ひとつなさらなかった」

井村はそう懐かしむ。

高橋プールで井村に鍛えられたのは元好《もとよし》三和子《みわこ》（本間《ほんま》三和子／現・日本水泳連盟シンクロ委員長）と木村さえ子のペアだ。元好は筑波大学に進学してからも遠距離をいとわず練習のために頻繁に堺市に通ってきて井村の指導を受けた。

一九八四年、シンクロが初めて正式種目となったロサンゼルス五輪で、デュエットが銅メダル、元好はソロでも銅を取って、八月の抜けるような青空に日の丸を揚げた。


ロスから凱旋した井村を待っていたのは思いもよらぬ解雇の通告だった。

これからは専任コーチとして雇用することができなくなったので、浜水のボランティア精神にのっとって一日千円のアルバイトでやってほしい。突然、高橋にそう言い渡された。

メダルを取って国民が沸き立つさなか、高橋は窮地に立たされていた。浜寺水練学校の専任コーチとなった井村の給料は、高橋が理事長をつとめる病院から支払われていた。井村は名目上、病院の職員という扱いになっていたが、実態はシンクロのコーチである。これが不明朗な支出として労働組合のきびしい追及を受けることとなってしまったのだ。高橋が病院を弟に任せてシンクロのために駆けずり回っていたことも災いした。ついに井村の解雇に踏み切らざるを得なくなった。

　納得できない井村は高橋に詰め寄った。

「先生は私が男でも同じような仕打ちをなさるのでしょうか。女で、結婚しているから食いはぐれがないと考えておられるなら許せません」

　高橋は苦渋の表情を浮かべて黙り込んだ。

　井村は、「一日千円のアルバイトで」という申し出だけはどうあっても受けられないと強く思った。シンクロコーチとして受け取っていた月給は十万円だ。教師時代の半分ほどである。コーチとしての腕を見込まれたことで選んだ道だから、金額はどうでもよかった。指導に全力をそそぎ、五輪でメダルを取るところまで導いた。アルバイトに戻らないのはお金の問題ではない。シンクロ指導者としての誇りが許さなかったからだ。

　長い間、世話になり、シンクロのおもしろさに目覚めさせてくれた浜寺水練学校だったが、袂《たもと》を分かつしかなかった。

「あのときのことを思い出すと、いまだに胸が痛みます」

　高橋らと同席していた伊佐美璋子は今もつらそうに話す。

「浜水のシンクロ部は部員が持ってくるわずかな部費でやりくりしていました。教える側も基本はボランティアなんです。井村さんにいてほしくてもそんな条件しか出せませんでした。やりがいのある教師の仕事を辞めさせたのに……」

教壇を去り、シンクロコーチの職も失った。途方に暮れる井村のもとに、ある私学からわが校の教師にという誘いがきた。

「教師に戻るという選択肢はありませんでした。私の意地やね。好きな教師を辞めてシンクロの道に行ったんです。過去に戻るということはあり得ない」

どうすればシンクロのコーチを続けられるのか。それだけを考えた。

「そのとき同時に決めたことがあります。家のお金、主人のお金には手を付けないで、自分で稼いできたお金でシンクロをしようということです」

パートでもいい、どこかのスイミングスクールでシンクロのコーチとして雇ってもらおう。

仕事のできそうな場所を探し始めた矢先、二人の高校生が「井村先生に教えてもらいたい」と、浜寺水練学校を飛び出してきた。

井村が浜寺水練学校の選手たちに別れを告げて辞めたあと、井村の知らないところでちょっとした騒動が持ち上がった。井村が指導をしていたのはトップクラスの選手たちを集めたAチーム。その全員が浜水をやめて井村についていくと言いだしたのだ。選手らの井村に対する信頼は絶大だった。「先生についていけばオリンピックに出られる」と信じて練習に励んできた。それなのに肝心の先生がいなくなってしまう。選手も親たちも動揺した。

Aチームの選手たちは浜水の練習に行かず、自分たちでお金を出し合ってプールを借り、コーチなしで自主練習を始める行動に出た。しかし選手らの「反乱」は短期間で終息した。大会に出るには選手登録というものが必要になる。浜寺水練学校をやめると所属団体がなくなり登録を失うことになるからだ。

それがわかった選手らは、好きなシンクロを続けるために浜水に戻っていった。それでも二人の高校生は納得がいかず、連れ立って井村のもとにやって来た。

その一人、いまは四十代半ばになった奥田恵美子《おくだえみこ》は小学四年生から浜水に通い、母親に勧められてシンクロを続けてきた。本来なら六年生にならないと入れないシンクロチームに五年生で参加を許された。美しく伸びた足を買われてのことだ。

年齢が一歳ちがうと、練習についていくだけで精いっぱいだった。

総じて怖いシンクロコーチたちの中でも、井村は飛び切り怖いと評判だった。プールサイドで怒鳴っている姿を何度か見かけたことがある。が、ついていきさえすれば必ず上手にしてくれるとも聞かされていた。シンクロを始めて二年目、小学六年生で出たジュニアオリンピックで三位になった。シンクロに対する心構えが大きく変わり、いつか井村の指導を受けたいと強く願うようになった。中学三年のときに、中学生で一人だけAチームに昇級することができた。ようやく井村の前にたどり着いたのだ。

井村にはさんざん叱られた。だが、叱る理由には得心がいった。

「井村先生についていきたい」

母親に相談すると、母親も「そうしなさい」と賛成してくれた。

親子で浜寺水練学校に退会の挨拶にいくと、「後ろ盾がなくなりますよ。オリンピックに行けなくなってもいいんですか」と引き止められた。しかし奥田の気持ちは変わらなかった。

二人の高校生を前に、井村は戸惑った。自分に教えてもらいたいと、伝統ある浜寺水練学校をやめてきたという。選手にとっては一年一年がかけがえのない、待ったなしの時間である。

この子らを引き受けよう。育てて、大会に出そう。

井村は腹をくくった。たった二人の弟子たちのためにシンクロクラブを作るのだ。しかし、団体登録の手続きをどうすればいいいか、それさえわからなかった。

いきなり日本水泳連盟の古橋廣之進会長に電話をかけて教えを乞うた。古橋は親切に大阪水泳協会の担当者の名前を挙げて、相談するよう助言をくれた。

事務所もない。プールもない。コーチ一人に選手が二人。一九八五年、ないない尽くしのなかで、日本でいちばん小さな井村シンクロクラブが産声をあげた。

井村の苦労は独立後も続く。練習プールを確保するむずかしさは浜水時代もいやというほど味わってきたが、独立してからはプールをみつけることが一層困難になった。

「井村にプールを貸すな」

二人の高校生を引き受けたことが選手の引き抜きと受け止められて、古巣の浜水から大阪府内のプール事業者にそんなお達しが回ったらしかった。

小さな車に音楽を流すアンプとスピーカー、二人の選手を積んで、プールを貸してくれるところがあればどんなに遠くても出かけて行った。一回でも多く練習するため、奥田の父親の口利きで勤務先の福利厚生用のプールを借りたこともあった。ようやく借りたプールが浅くてシンクロの練習ができないときは、チューブの一方の端を腰に巻き、もう一方をプールサイドに括り付けて引っ張る鍛錬などをした。プールで泳ぐ他の客たちが好奇の目でじろじろ見たが、井村はまるで意に介さなかった。

そのうち、手を差し伸べる者が現れた。噂を聞いた京都踏水会が「よかったら一緒に練習しましょう」と声をかけてくれたのだ。

京都踏水会は、創設が一八九六年（明治二十九年）、日本泳法小堀流踏水術の流れをくむ名門である。シンクロも浜寺水練学校のわずか一年後にスタートさせていた。踏水会のプールを週に三回使えることになった井村は、選手と機械を乗せた車で片道二時間あまりかかる道のりを通い詰めた。練習を終えて大阪に戻るのは、ネオンがぽつぽつと消え、夜が深まりゆくころだ。

奥田ら二人を連れて臨んだ大会の会場では、育ててもらった浜水を離反した人間だと、井村に対する視線は冷たかった。逆風は二人の高校生選手にも吹いた。

「今でこそ選手もコーチも自由に移籍します。でも、あのころはまるで裏切り者みたいに見られてつらかったですね」

十代だった奥田には、大会で会う大人たちの視線が刺すように感じられた。井村は自らの胸に誓って苦しい日々を耐えた。

いまに見ていろ。私のこの手で必ず世界のトップ選手を育ててみせる。

一年がたち、井村シンクロクラブに新たに中学生二人の入門があった。奥田ら二人と力の差が歴然とあるなかで、それでも井村は「四人でチーム競技をやろう」と奮い立たせた。

まずは奥田たち選手が振り付けを考える。それを井村が大胆に修正する。一つの作品を作り上げる作業に携わることができるのは、わくわくするほど楽しかった。

「あまりにも泳ぎが下手なので毎日毎日、怒られました。先生が愛想をつかして途中で帰ってしまったこともありました」

一つできるとその先へ。それができるとまた先へ。

どんなに多くを求められ、叱られても、四人は誰ひとりやめなかった。

全日本クラスの大会で、映画『ロッキー』のテーマに乗せて、チームで出場できるぎりぎりの人数で懸命に泳ぎ切った。井村も四人の選手も『ロッキー』の主人公に自らの姿を重ね合わせていたのかもしれない。井村シンクロクラブの小さなチームは人数不足で減点されながらも三位を勝ち取った。

快挙は新聞記事になり、井村シンクロクラブの会員も少しずつ増えた。

月日が流れ、井村シンクロクラブは日本代表に多くの優れた選手を送り出すようになった。六、七割を井村のクラブの選手が占めた年もある。リオ五輪に出場するいまの代表チームも、九人中六人が井村シンクロクラブ所属の選手たちだ。

常時四、五十人の会員がいる全国トップのクラブとなって、古巣の浜寺水練学校と勢力を逆転させ、井村個人もその名を知られる、日本を代表するコーチとなった。

独立から十一年、アトランタ五輪の会場で、二人の男性から突然声をかけられ、驚いたことがあった。高橋と並んで井村に教師を辞めて専任コーチになるよう説いた浜寺水練学校の役員たちだった。

「ようがんばってるな。いつも応援してるねんで」

二人は親しげに近づいて来た。しかし、井村はとっさに笑顔を返せなかった。

「だいぶ、だいぶ、昔の話。でも、あのころの私はまだ、ありがとうございます、とは言えなかったな」

その二人も故人となった。

伊佐美璋子は、あるとき井村に心から詫びた。

「あのときは、ほんまに申し訳なかったね」

伊佐美の喜寿の誕生日、中国にいた井村から心づくしの祝いの花束が届けられ、伊佐美を喜ばせた。

「浜水を放り出されて大変やったと思います。でも、独立したことで井村の名前が大きくなった。結果オーライやったと、私の気持ちも少しは軽くなりました」

伊佐美は微笑んだ。

高橋清彦は、その後、井村と親しく言葉を交わすことなく二〇〇八年五月に八十八歳で彼岸に旅立った。亡くなる少し前までシンクロについてあれこれ語っていたという。

「私の人生に大きな影響を与えた方です。浜寺をクビになったこと、その後のことがあったから、辛抱を覚え、強くもなりました。何か問題にぶつかってもへこたれずに乗り越えられた。もう二度とあんな目にあいたくないけど、いま考えると悪いことばかりではなかったのかな」

井村は「もう二度とあんな目にあいたくない」と、二度、繰り返して言った。

高橋の話題になると、井村の声は大きくなったり、言いよどんだり。「日本シンクロの父」を思う井村の感情は、いまなお複雑に揺れている。

第四章

居場所はどこに

迷走

北京オリンピックから半年あまりが過ぎた二〇〇九年四月、井村雅代は意を決して上京し、日本水泳連盟の幹部と面談の機会を持った。

日本は北京五輪でチーム競技のメダルを初めて逃し、過去に経験のない五位という順位に甘んじた。呼ばれた先の中国には約束通り、メダルをもたらした。しかし、日本の凋落ぶりを黙って見てはいられない。自分の力が役立つものならもう一度、日本のために働きたい。日本のシンクロの行く末を憂えたスポーツ関係者が井村の思いを知って、「お互い腹を割って話し合ってみてほしい」と仲介の労をとってくれたのだ。

井村は「みんなで力を合わせれば、ロンドン五輪まではなんとか立て直せる」と必死で訴えた。だが、そんな井村の願いは届かなかった。幹部は「若いコーチと若い選手で立て直していきますから」と繰り返すだけだった。ヘッドコーチをしようとは思わない。ただ、若いコーチを育てるためにも自分のような経験豊富な者を利用してほしい。なおもそう畳みかけると、「あなたの年齢のこともある」と突き放された。

確かに五十代後半になってはいたが、言葉の通じない中国での指導経験がコーチとして自分を一回り成長させてくれたと感じていた。それだけに年齢を持ち出されたことに傷ついた。

その夏、ローマで行われた世界選手権に、日本は若い選手と若いコーチ陣で臨んで惨敗した。デュエットもチームも四位、五位、六位と過去最低の成績で、メダルどころか二番手グループに転落した。五輪経験者が引退した新生日本の平均年齢は二十歳そこそこだ。コーチも大舞台で指揮した経験が乏しい若手ばかりになった。急激な世代交代で経験と技術の継承が絶えた。かつてシンクロ大国だったアメリカは、世代交代に失敗したため、いまに至るまで低迷を続けている。その先例が悪夢となって井村の胸を苛《さいな》んだ。

メダルが取れなくなるとスポンサーがつかず、テレビ放映の機会が減る。目にふれなくなると、シンクロにあこがれて自分もやりたいと思う子どもたちが出てこない。選手の層が薄くなれば選択肢が狭まり、強くなることはむずかしくなる。そんな悪循環をなんとしても断ちたかった。

できることは、いま目の前にいる選手を強くすること。それしかない。若い才能を見出し、潜在能力を極限まで引き出し育てていく。幸い、手元には資金があった。中国で手にした報酬のおかげで遠慮せずに合宿ができる。

井村が中国へ行ったとき、「お金目当て」と書いた週刊誌があった。ドルで支払われる契約の報酬は、当時の円高のせいもあって、二千万円に満たない額だ。世界ランク六位の中国にメダルを取らせるために一年八か月にわたって指導をする。その対価が二千万円足らず。高いと見るか安いと思うかは人それぞれだろう。

井村はシンクロ指導者としては世界最高ランクに位置づけられている。外国人指導者に一千万円以上の報酬を支払うケースはまれだという中国が、礼を尽くして井村を迎え入れた。望み通りにメダルを取ったので、報奨金も上乗せされた。

少しでも多くの報酬を望むなら、迷わず欧州の国々からのオファーを受けていた。少なくとも中国の二倍の金額を手にできたはずだ。

プロ野球の選手が夢を抱いて大リーグへ、あるいはサッカー選手が欧州の強豪クラブチームへと挑戦するとき、億単位、ときには数十億円という額のお金が飛び交うことがある。鍛えられた己の肉体と才能、努力だけを武器に国境を越えていくスポーツ選手の姿は子どもたちのあこがれを誘う。しかし、アマチュアスポーツの選手や指導者の多くは、プロとは天と地ほどもちがう世界を生きている。

井村が日本代表チームのコーチだったころに受け取っていた報酬は一日二千円だ。それはいまも変わらない。ナショナルコーチに、と声がかかっても尻込みする若いコーチがいるのは当然だろう。現場のコーチは指導に充てる時間が長く、他に仕事を持つことは困難だ。一か月に二十五日教えて五万円ではアパート代も満足に払えない。メダルを取り続けた日本代表のそんな現実を、いったいどれだけの人が知っているだろうか。

スポーツマネジメントを学んだ立花美哉が帰国して、井村個人が主宰してきた井村シンクロクラブを任意団体から一般社団法人にした。シンクロのクラブが社団法人に認められたのは初めてだった。

クラブの収入は通ってくる子どもや選手たちが支払う月謝がすべて。毎年三百五十万円あまりの赤字が出る。それまでは、それを井村が一人で補ってきた。立花は、「いつまでも井村先生一人に頼らず、みんなで運営を考えていこう」と主張した。クラブを後々まで存続させる仕組みに切り替えなくてはならないと考えたのだ。法人化することで課題も見えてくる。

社団法人であれば、一定規模以上の事業をするとスポーツ振興くじ（ｔｏｔｏ）から助成金を受けることができるし、イベントをする場合にも現役のオリンピック選手や元オリンピック選手が含まれていると補助金を活用できる。

井村が当面の運営資金を貸し付けるという形で新たな体制がスタートした。

井村シンクロクラブには社会保険に加入している正規職員が二人、誕生した。

目的地まで

二〇一〇年五月のジャパンオープン兼日本選手権では、最高が三位。海外勢も参加するジャパンオープンを兼ねる大会になった一九九四年以降、日本は初めて一種目も優勝できなかった。

国内では一位の成績だった井村シンクロ所属のデュエット乾友紀子・小林千紗《こばやしちさ》組は、九月に中国の常熟で開かれるＦＩＮＡワールドカップと、つづく十一月に広州で開かれるアジア大会の代表に内定した。

「やはり先生の力を貸してほしい」

日本水泳連盟シンクロ委員会から要請があったのは日本選手権後のことだ。「どういう立場で？」と問うと、返ってきたのは「国内支援コーチ」という初めて耳にするポストだった。

国内の合宿ではコーチとして乾、小林を指導できるが、海外の試合には同行できないという。

その提案に、井村は深く傷ついた。ヘッドコーチを望んでいるわけではない。デュエット担当の一コーチとして、これまでクラブで教えてきた乾、小林両選手を試合まで責任を持って導いてやりたいだけだ。途中から別のコーチにバトンタッチすることなど考えられなかった。

井村は講演などで、好んでコーチの語源について話す。コーチとは、もともとは四輪の馬車のこと。乗った人を目的の地まで運ぶことから指導者の意味を持つようになった。

「私は選手をぎりぎりまで追い込むタイプです。でも、最後まで見捨てない。必ず望む場所に連れて行きます。だからついてきてくれる。試合会場では選手の体調や精神状態、その場の雰囲気なども考えて、最も適切だと思う言葉をかけて送り出します。それができず、空港で見送るなんてありえません」

最後まで責任を持って指導する。この一線は譲れない。

井村シンクロクラブでコーチをしている立花美哉は、何度も上京して水泳連盟幹部やシンクロ委員長に、「井村先生をデュエットのコーチに」と訴えた。乾も小林も、どれほど井村の指導を受けたがっているか知っていたからだ。短い選手生命に「いつか」や「そのうち」はない。

が、事態はびくとも動かなかった。乾と小林の気持ちを思えばかわいそうだが仕方がない。井村にとって、「国内支援コーチ」は受け入れられない申し出だった。二人を呼んで、こう言うしかなかった。

「いろいろなタイプのコーチから教えてもらえるのはナショナル選手の特権だよ。いっぱい吸収して上手にしてもらいなさいね」

井村は糸の切れた凧のような寄る辺なさを覚えた。日本のシンクロ界は、手が届かないほど遠くへ行ってしまったようだった。

六月、井村が日本代表チームのコーチ陣に入らなかったことを知って、中国から再び声がかかった。

自国の常熟と広州で開かれるワールドカップとアジア大会に向けて、ヘッドコーチとして代表チームの指揮をとってほしいとの要請である。

北京五輪が終わった二〇〇八年秋から二〇一〇年春にかけて、井村の頭にあったのは日本シンクロを立て直すことだけだ。頼まれもしないのに代表チームが使うことを想定したテクニカルルーティンと、乾・小林のデュエットのオリジナル曲をポケットマネーで作曲家、大沢みずほに依頼した。

日本の美しい自然と四季を米作りに託した「みのり」は、田植えから青々と水をたたえた田んぼの風景、襲いかかる嵐を乗り越えて頭《こうべ》を垂れる稲の波を描いている。そんな、豊作を寿《ことほ》ぐ曲に仕上がった。

デュエットのための一曲は女忍者を表現した「くノ一」で、強かったころの日本を思い出してもらえるよう日本調を前面に押し出した。デュエットの曲はそのまま国際大会で使われることになったが、「みのり」は出番がないまま、仕舞われている。

井村へのコーチ就任要請は、中国だけでなく韓国や欧米の計五か国からあった。アメリカやヨーロッパに行く気はない。その夏、井村は自分のクラブの選手を指導する予定が詰まっていた。外国に行って教えられるのは八月中旬以降になる。シンクロは短期間で仕上げられる競技ではない。丸二年の間、思い出すこともなく、演技を見ることもなかった中国チームはその後どうなっているのだろう。たった一か月で何ができるのか。現状も見ないで安易にイエスとは言えなかった。

一方、韓国は格別な熱意で「短期間でもいい。なんとしても先生にすがりたい」と繰り返し指導を求めてきた。韓国もアジアの国だ。強くなってほしい。日本に来てくれるならクラブの練習の合間に教えられると伝えると、コーチがデュエットの姉妹選手を連れて飛んできた。

京都市内のプールを借りて、二週間にわたって徹底的に指導した。

姉妹は残念ながら背はさほど高くなかったが、井村の言うことを一言も聞き漏らすまいとくらいついてきた。一度言われたことは忘れない賢さを備えていて、めきめきと上達した。

中国チームが七月に米国テキサス州で開かれる全米オープンに出場すると知って、井村は中国チームの様子を見るために自費で渡米した。教えたばかりの韓国デュエットの演技も見たかった。

中国は、パワーは感じられたものの、同調性が損なわれ、技術面も荒っぽくなっていた。しかし、手を入れればワールドカップまでになんとかなりそうだった。

井村はホテルの自室に中国の若いコーチたちを呼んだ。チームのテクニカルルーティン、フリールーティン、コンビネーションの演技をビデオで見ながら、どこをどう変えればいいか、細かく指示した。自分が中国へ行って教えるまでの練習方法も伝えて宿題にした。

若いコーチたちは、いずれも北京五輪で選手だった教え子で、神妙な顔つきでメモを取った。

井村は再び中国を指導する選択をした。

「なんとか役に立ちたいと、二年間というもの、日本のことしか考えなかった。自己満足かもしれんけど時間も気持ちも労力も捧げて、気が済んだ。私の力を出せる場は日本にはないようです。だったらできる場所で自分を磨きながら教えるまでです」

八月半ば、日本水泳連盟シンクロ委員会に仁義を切ったうえで、ワールドカップの指導のために中国へ赴いた。アジア大会までまとめて契約を望む中国水泳連盟の意向には沿わず、一か月の短期契約を交わすことにした。細切れの契約は、万一、声がかかったら応じられるようにという、井村から日本シンクロ界への切ないラブコールでもあった。

わずかな時間で効率よく指導するには審判員の目で演技を見直すのがいい。難易度から見て点数が取れそうにない振り付けをことごとく変え、ワールドカップに間に合わせた。

中国の演技は井村にとっては納得できないものだった。それでもロシアに次いで二位になり、銀メダルを取った。経済危機に陥って大会に出場できなかったスペインが出ていたらどうなっていたかわからない。三位がカナダ、日本はここでも四位の成績だった。


四十五か国・地域から一万人を超える選手たちが集った第十六回アジア競技大会は、十一月十二日、広州で開幕した。

シンクロは、デュエットもチームもコンビネーションも、井村が率いる中国がすべて一位を取って優勝した。二位の日本との点差は縮まるどころか広がるばかり。日本は中国に完敗してアジアの盟主の座を奪われた。

中国水泳連盟からは、当然のごとく井村に二〇一一年の世界選手権と翌一二年のロンドンオリンピックまでのヘッドコーチ就任要請があった。もはや日本に自分の出番はない。頭ではわかっているのに、井村は心のどこかで一縷の望みを捨てられないでいた。まずデュエットから立て直し、その次は……などと、気がつけば日本のことを考えている。

中国からは矢のような催促が来ているにもかかわらず、返事を一日延ばしにしたまま年を越した。二〇一一年が明けると、しびれを切らした旧知の中国のシンクロ委員長から直接、依頼が届いた。

「私にとってはロンドンが最後のオリンピックです。どうぞ私と一緒に定年退職を祝ってください」

　中国の水泳関係者とは、ときにけんかをしながら少しずつ信頼関係を築いてきた。あそこなら、まちがいなく自分の力を発揮できる。選手たちも知っている。

　悩んだ末に、井村は結論を出した。


　四月、井村は親交のあった複数のメディア関係者にロンドン五輪が終わるまで再び中国のヘッドコーチに就くことを明らかにした。

「井村氏、再び中国へ」

　記事が掲載されると、インターネット上には匿名で「お金目当て」などと中傷する書き込みが再び出ていると知人に聞かされた。しかし、人々の反応は北京五輪のときとは大きくちがっていた。井村を非難する声は広がらず、新聞や水泳専門誌の中には、過去のわだかまりを捨てられず、シンクロ再建の機会を逃した日本水泳連盟のかたくなさを疑問視するところも現れた。

　北京五輪でスペインをメダル獲得に導いた藤木麻祐子コーチは、その後、乞われて米国ナショナルチームのヘッドコーチに就いていた。藤木はかつてシンクロ王国だった米国のクラブチームに所属し、選手やコーチとして活動していたことがある。シンクロへのあこがれを育てた米国の立て直しを任されたのだ。

シドニー、アテネ、北京と三度のオリンピックにかかわった友松由美子《ともまつゆみこ》コーチは、芸術的な感性を高めたいとイタリアへ。海外で活躍する先輩たちの姿はいつしか若いコーチたちの目標になった。

再会

なつかしい宿舎。なつかしい食堂。見知ったいくつもの顔が満面の笑みで迎えてくれた。なかでも「よく来た」「よく来た」と手放しで歓迎してくれたのが三度の食事で世話になった食堂の職員たちだ。以前、滞在していたとき、「おはようございます」「ありがとう」と、笑顔であいさつしながらにぎやかに姿を見せる井村は人気者だった。

八月の誕生日には食堂の職員たちがお祝いのバースデイケーキを特別にプレゼントしてくれたが、丸いケーキは作ったことがないからと、台は真四角に焼かれていた。「バースデイ」の綴りがわからなかったのか、クリームで飾ったケーキの表面には「ハッピー」とだけ書かれていた。心のこもった手作りのケーキに胸が熱くなったことを思い出す。


何一つ変わっていないように見えた食堂に、ささやかな変化があった。ケチャップのかかったエビフライが供されるようになり、搾りたての生ジュースが飲めるスタンドができていた。

水泳連盟会長やシンクロ委員長とはすぐに打ち解けた。副会長だけがなにやら威圧感をただよわせる別の人物に変わっていて、彼は初対面の井村にいきなり言った。

「中国は金メダル以外いりません」

井村も負けずに言い返す。

「ロンドンではそれは望めません」

選手の層が厚いロシアは、少しも手を緩めることなく世界一の練習を積んでいる。ロシアに勝てる国があるとすれば、中国がいちばん近い位置にいるが、その偉業をなすには短期間ではむずかしい。

井村はこわもての副会長を見据えて言った。

「もちろん金に挑戦します。私はロシアしか見ていません」

副会長は急に表情を緩めて「熱烈歓迎」と両手を広げた。


北京五輪で指導した選手が五人、代表チームに現役で残っていた。あの呉怡文もいた。オリンピック選手の十人に選ばれながら、直前になって代表からはずした忘れられない選手である。その後もシンクロをやめずに練習に励み、代表チームに戻ってきていて井村を喜ばせた。

双子の蔣文文、婷婷姉妹は北京五輪以降、一躍スターになり、芸能人まがいのブログを綴っていた。一見して体重が減り、体が一回り細くなっていた。

井村はさっそく上海で強化合宿に入った。上海は練習用プールと宿舎の距離が近く、時間の無駄なく練習ができる。

朝七時四十五分から夜は九時、十時まで。が、蔣姉妹は姿を見せなかった。ロンドン五輪のデュエットは双子では戦えない。そう考えた井村は新しいデュエットを育てることにした。

水泳連盟の幹部らは「あなたの好きなように」と言って異を唱えることはなかったが、姉妹の出身省である四川省の幹部とコーチは「二人は中国チームになくてはならない存在だ」と猛反発した。

井村が新たなデュエットとして選んだ若手の一人は十七歳で北京五輪に抜擢した上海出身、身長百七十六センチの黄雪辰《ホアンシユエジエン》だ。もう一人は五輪直前に水疱瘡にかかった百七十三センチの劉鷗で、彼女は広東省の出身である。これまでなら中国では出身省がちがう二人を組ませることなど考えられなかったが、井村は勝つために押し切った。

新しいデュエットには蔣姉妹にはない力強さとライオンのような猛々しさがあった。パートナーに対しても互いに遠慮のない批判を浴びせ合う。決められた練習は、泣きながらでもやる。通常の練習が終わったあとに、「下手だから特訓する」と言うと、強くなれるならと喜んできびしい指導に耐えた。

ロンドン五輪の前哨戦である世界選手権と五輪にどちらのペアを出すか。海外からも参戦するチャイナオープンを兼ねた中国選手権で競わせることにした。

双子の姉妹は、その場で新しいペアに敗れた。

過去の実績は関係ない。いま、最も強い選手たちと試合に臨む。それが井村のコーチ哲学だ。過去のメダルや人気に寄りかかって練習をしない選手が通用するほど甘い世界ではない。

ほどなく井村のもとに双子からの詫び状が届いた。練習に参加せずに先生を傷つけた。これからは一生懸命がんばるので、もう一度先生のチームに入れてほしい。そんなことが書かれていた。

蔣姉妹の表現力は確かにピカ一だ。技術重視のテクニカルルーティンは無理でもフリールーティンなら戦えるかもしれない。井村は考えを巡らせ、新しいペアをテクニカルルーティンに、蔣姉妹をフリールーティンにぶつけることにした。四川のコーチはへそを曲げ、練習に身を入れなくなった。井村が何度注意しても練習中に携帯をいじってメールのやり取りばかりしていた。

今回の世界選手権から採点方法が変わり、アジアの選手が苦手なプレゼンテーションなどが重視される。どのような点の出方になるのか、何を強化しなければならないか。考えることは山ほどあった。

いずれにしても、七月の世界選手権で中国はロシアに次いで二位、アジア大陸では一位となって、らくらくとロンドンへの出場権を獲得するだろう。

中国はオリンピックまで落ち着いて練習できる長い時間をプレゼントされる。あとは世界選手権での各国の演技と点の出方を細かく分析して、一年後のロンドン五輪への作戦を練るだけだった。

二〇一一年五月十二日。

理学療法士、浅岡良信は、受け取ったメールの差出人の名前にはっとした。

「実はいま、北京のアパートにいます。のぶさん、仕事をしていると思いますが、何回か選手を見てもらえますか」

井村雅代からである。北京五輪が終わり、「お疲れさま」と別れて三年がたつ。その間、井村からは一度便りが届いたきりだった。

二〇〇九年、ローマで世界選手権が行われたあとのことだ。試合を客席から見た井村が中国チームの様子を伝えてきた。浅岡と共に作り上げた中国の強さ、よさが損なわれていたことを嘆き、「浅岡さんがいなかったら、中国に来てくれなかったら、中国のメダルはなかったです。また、いつか一緒に仕事をしたいですね」と結ばれていた。浅岡はその手紙をボロボロになるのもかまわず常に持ち歩いた。

北京五輪を終えて日本に戻ると、もっとやれることがあったのではないかと、浅岡の胸で後悔が日に日にふくらんだ。その悔しさを形にして選手に返すために、シンクロについて独自に研究を重ねてきた。

井村がこの先どの国に行くのかはわからない。しかし、再び自分が呼ばれるという予感のようなものがあった。そのため帰国後の就職先は、いつでも辞められるように個人病院に絞って探した。土日は中学校を回り、中学生にスポーツのための体づくりや、けがからの回復方法を教えて、スポーツの現場から離れないようにした。

トップレベルのファッションモデルに美しい筋肉を付ける仕事を頼まれたときは、シンクロ選手に見立ててトレーニングをした。トレーナーとしての技術を向上させるために米国で開かれた講習会へも参加した。中国チームを想定して勝手にロンドンまでの練習メニューを作ったりもした。

井村からは、その後、連絡がないまま日が過ぎた。

「あてもなく待つだけの毎日に、くじけそうになったこともありました。準備してますよ、なんて言えません。でも準備していないとチャンスはつかめませんから」

浅岡は、井村からのメールにすぐさま返事を出した。

「仕事を辞めて、ただちにそちらに行きます。この日をずっと待っていました」

中国水泳連盟は、井村の求めることにはすべて応じる構えでいた。浅岡を再びフィジカルコーチとして採用することには何の障害もない。それどころか、以前、井村が浅岡を呼び寄せたことで、中国スポーツ界にもフィジカルコーチの重要性が少しずつ浸透し始めていた。浅岡は再び、なつかしい選手たちの前に立った。三年間、黙って研究を重ねてきたことがようやく生きる。

井村は選手たちに「北京のときとは違う色のメダルを目指す」と宣言した。

ロンドン五輪に挑む演技は、北京五輪より三倍はむずかしくなっている。ゴールが違えば、すべきことも当然違う。練習は、前回とは比べられないくらいハードなものとなった。中国の選手たちはおしゃべりだ。ストレッチや筋トレをしながらでも、うるさいほどしゃべり続ける。その声が小さくなり、間遠になって、やがて聞こえなくなる。そのころには選手は「お化け」のような様子で無意識のまま手と足を動かしている。

チーム全員でする練習の前や後に、個人練習も加わった。

七月の世界選手権は予想通り、中国は七種目のうち六種目で銀メダル、一種目が銅メダルだった。ロンドン五輪への登竜門となる大会で、中国はアジア一位となって早々と出場権を手中に収めた。

井村が試合会場で垣間見た日本の演技は迷走していた。日本のシンクロ委員会は、北京五輪後、ロシアからガーナ・マキシモーバコーチを招いて振り付けを依頼した。体形も持ち味もちがう日本選手にロシア流の曲線的な振り付けは似合わない。まるでアメリカやヨーロッパの女性に日本のきものを着せているような違和感があった。得意としていた正確な技術やスピード感あふれる同調性は影を潜め、かつて世界からあこがれられた日本流シンクロが失われていた。

外国のコーチたちが日本の演技に関心を払おうとしないことが、井村には何より悲しかった。

ロンドン五輪の中国チームの振り付けは、プロの振付師、ステファン・メルモンが担当することになっていた。井村が中国のヘッドコーチに就任する前に、中国水泳連盟が売れっ子のステファンに依頼したのだ。ステファンと井村は旧知の間柄だ。彼がまだ新進振付師だったころ、立花美哉・武田美保のデュエットの振り付けを頼んでタッグを組んだことがある。

北京五輪のときは「中国」を前面に押し出したが、ロンドンではそれは禁じ手だ。人権問題などを抱える中国に対するヨーロッパのまなざしを考慮する必要がある。テーマでも音楽でも中国色を鮮明にするのは得策ではないだろう。もっと普遍的なものを目指さねば。井村はそう考えた。

チームのフリールーティンのテーマは「バタフライ」に決めた。蝶は小さいけれど世界を自由に飛び回って人々に喜びを与えてくれる。水着は真っ白いシルクの生地に、一枚一枚手書きで蝶を描いてもらう。音楽はステファンが提案する楽曲がよければそれを使う。八月、二人は一通りの振り付けを終えた。あとは練習を重ねて細かく修正し、完成度を高めていけばいい。

ロシアは逸材をそろえて、どこよりもきびしい練習を積んでいる。ロシアに追いつき追い越すためには、特別な何かがなければ背中に指すらかけられない。

井村はリフトに磨きをかけることにした。フィギュアスケートのジャンプ同様、シンクロでもリフトやジャンプは演技の進化をわかりやすく観客や審判員に伝えることができるからだ。

井村が専門的な支援を仰いだのは元中国雑技団副主席で、世界最高といわれるパフォーマンス集団、「シルク・ドゥ・ソレイユ」のアクロバティックな技の指導を担当していたベテランコーチ、ルー・イー（盧毅）だ。

中国系米国人であるルーは、母国のチームの役に立てることを喜び、二〇一一年の暮れから二〇一二年の初めにかけて北京に三週間ほど滞在して、選手につきっきりでリフトとジャンプの指導をした。

ルーは選手一人ひとりに陸上で倒立させたり、バランス感覚をテストしたりしながら土台役となるボトム、その上に乗るセカンド、そして空中高くジャンプするトップの配役を決めていった。水中深くに沈んだ姿勢でセカンドとジャンパーを支えるボトムは苦しい。しっかりした筋力と体力が必要だ。セカンドは土台の動きに対応して臨機応変に自分の体勢を変えられる能力と、場合によってはジャンプもできる強い脚力が求められる。ルーの見立てと井村の考えがちがったときは、井村は徹底的にルーの意見に耳を傾けた。

見せ場のリフトで水面高くヒューッと回る役に選ばれたのは、北京五輪の直前に代表からはずされた十番目の選手、呉怡文である。トップを務める選手だけは体脂肪率を十五パーセント程度に落として筋肉を付けなくてはならない。アイスクリームが大好きな呉選手には、糖分は果物からのみ摂るようきびしい制限が課せられた。

役割が決まれば、あとは練習、練習、また練習。金メダル集団の体操選手たちが、自分たちが使用している体育館の一角を快く貸してくれた。倒立を一分間に五回繰り返す。ミノムシのように体を丸めて鉄のバーに三十秒間ぶら下がる。一人が床に寝て両足を上げ、別の一人がその足の上に立つ。これは揺れる水中でバランスをとる訓練だ。一人が一人を肩に乗せて歩く。寝転んで、ごろごろ回る。トップ役は陸上で飛ぶ練習を二百回。これらの訓練を毎日、毎日、一時間半ほど黙々とやる。

井村はルーが指導する様子を克明にビデオに収め、その日のうちに整理、編集、バックアップを取って保存した。リフトは何度もやっているうちにどうしても少しずつ狂いが生じる。よい状態の映像があれば、そこに立ち返って修正できる。専門家の力を借りた難易度の高いリフトやジャンプを組み込んで作品を仕上げるのは正直、骨が折れた。しかし、七十二歳のルーからは多くを学んだ。

難し過ぎるリフトを変えるべきか、それとも練習すればできるようになるのか、その見極めが一筋縄ではいかなかった。選手らは「そんなの無理」「先生はクレイジーだ」などと騒ぎ立てる。彼女らはちょっと目を離すと素知らぬ顔で勝手に振り付けを変えてしまう。注意するとあっけらかんと、「先生、どうしてわかったの?」などと口にする。

井村は選手たちに無駄なエネルギーを使わせることはない。根本にあるのは最少のエネルギーで最大の効果を上げることだ。見栄えが同じなら、楽な方がいい。最大のエネルギーを発揮する場面があれば、最少で済ませるところも用意する。

心肺機能を一休みさせる演技がハイライトに見えるようにできないか。

足技の連続で疲れてくるころには、休みと見せず一服できるような工夫はないか。

一振り一振りに理由があり、ねらいがある。勝手に変えられてはたまらない。練習の間は、ずっと選手たちとの戦いが続く。選手とコーチは対等で、選手たちも黙ってはいない。少しでも楽をしようと、全員で結託して立ち向かってくる。

「しんどくてできない」

選手らが文句を言うと、井村はこう返す。

「ロシアもスペインもこのくらいのことはする。やらなければ勝てないよ」

しかし、井村は彼女たちとの攻防を「噛みごたえのある肉のようにおいしい」と、心から楽しんだ。

押したり引いたりせめぎ合いを重ねるうちに選手たちとの距離が縮み、信頼関係が育まれるのを感じることができる。コーチの言うことをただハイハイと聞くだけの選手は物足りない。井村シンクロクラブで教えるときも、「私の答えを待つだけじゃだめ。あなたたちも頭を使ってどうすればいいか、考えなさい」と、くどいほど言う。

「作品を一緒に作り上げていく感覚を持てるチームが大好きです」

魔の会議

ロンドン五輪まで二か月あまりとなった五月半ばのある日、午後の練習が始まる直前に井村は中国水泳連盟会長から呼び出しを受けた。嫌な予感がした。五輪へ向けて、いよいよ代表選手九名を確定し、最終エントリーをする期日が迫っている中のことだった。

指定された会長室に入ると、水泳連盟会長、副会長、シンクロ委員長とそれぞれの秘書、通訳がずらりと顔をそろえて座っている。副会長が口火を切った。

「オリンピックの準備は進んでいますか？」

シンクロ委員長が答えようとするのを遮って、井村に向かってにこりともせず言った。

「九人の代表選手の最終エントリーをしなければなりません。どのように考えていますか？」

井村は自分の決めたデュエットのメンバー、チームのメンバーの名前を挙げて、選んだ理由も説明した。副会長は固い表情を崩そうとせず、言い渡した。

「われわれは、ロンドン五輪後の中国のシンクロの将来についても考えないといけません。代表に三人も入っている広東省の選手を一人落として、江蘇省の選手を使ってください」

有無を言わせぬ物言いだった。落とす選手の名前まで挙げた。「使え」と言われた選手は、井村がはずそうと考えていた選手である。代表に入れる選手、落とす選手を独断で決めていた連盟幹部の態度はヘッドコーチである自分をないがしろにするものだ。カチンときた井村は副会長に問うた。

「中国のシンクロの将来とは何でしょう？」

「北京五輪の際も江蘇省からは代表に入りませんでした。もし、今回も代表にならなかったら江蘇省はシンクロをやめてしまうかもしれませんよ」

井村も負けずに切り返す。

「メダルを取れば、他の省が始めるかもしれません」

中国水泳連盟の「公平」とは真に強い者を正しく選ぶことではなく、各省からバランスよく代表選手を選ぶことだったのかと井村は思った。

江蘇省は経済的に豊かな省で、水泳連盟にとっては資金面で強力な拠り所となっている。常熟でのワールドカップ開催、つづくチャイナオープン開催など、大きな大会を受け入れて水泳界のために貢献している。資金力を背景に、連盟に相当な圧力をかけているであろうことは想像に難くなかった。

十人から最終の九人を選ぶとき、どこの省の出身かなどは関係ない。一人ひとりの身体能力や技術を克明に検討し、血を流す思いで十番目の選手を落とす。何度経験してもつらい作業であることに変わりはない。井村は十人の選手全員の長所と欠点を説明し、なぜ江蘇省の選手をはずさなければならないか、言葉を尽くして説いた。が、副会長は引き下がらない。

「なぜ、その選手をはずすのか、メディアにきちんと説明できるのですか」

「もちろん、できます。でも、選手の欠点を具体的に公開することはプライバシーの侵害です」

いかり肩であごの張った副会長が威圧的に言い募る。

「じゃあ、あなたの言う通りにすれば金メダルが取れるんですね」

「それは無理です」

どちらも引かないまま一時間たち、二時間がたった。部屋には重い沈黙が流れ、息をするのもためらわれるような空気に包まれた。北京五輪のときにも選手選びの際に圧力がかかったが、今回はつるし上げのようだ。これまでの人生で味わったことのない、最悪の「魔の会議」だった。たいていの者は参って妥協を強いられたことだろう。

副会長は初対面の折に「金メダルにしか興味がない」と言い放った人物だ。あのときは単純明快な気性を好ましいと感じたが、いっぺんに嫌いになった。まるで脅しじゃないか。いつもは温厚で、井村の願いのすべてを聞き入れてきた会長は、終始無言で一言も発しない。

強い者が勝ち、弱い者が負ける――。それがスポーツだ。何か月か前に、十二人から十人に絞り込んだとき、外された選手がトレーニング場に別れを告げに来た。井村に礼を言い、選手らには「テレビで応援しているから」と、泣きながら一人ひとりと抱き合って別れを惜しんでいた。

十七人から十四人に。十四人から十二人に。十二人から十人に。そして九人に。本番で泳げるのは八人だ。五輪までには誰かをはずす場面が幾度か訪れる。けれども、その日までは全員を平等に扱い、全員に目をかけてかわいがっているという自負がある。だからこそ誰であっても割り切って切ることができるのだ。

選手の選考は、ヘッドコーチが担う任務の中でも最も重要なものだと思ってやってきた。

自分の考えが容れられないならここにいる意味はない。井村は腹をくくった。

相手の地位がどんなに高かろうと、言うべきことは言おう。小学六年生のときそう決めたではないか。納得できない選手を使ってオリンピックの舞台で勝負をかけることなどできるはずがない。あそこはそんな舞台じゃない。もっと本気の舞台なのだ。自分が求めているのは中国の最強チームで戦うことだ。

クビになるならなってもいい。最後通告のつもりで言った。

「誰を使ってもメダルを取れると思ったら大間違いです。失礼ながら中国チームにそんな余裕はありません。四位でよければどうぞ好きなように決めてください。そして中国のコーチでやってください」

会長が、初めて口を開いた。

「銀メダルはどうですか？」

「銀メダルを取りに行こうと思っています。そのために練習しています」

井村は本心を具体的に打ち明けた。会長は副会長の耳元で何やらボソボソとささやいた。そして、井村に向き直ると言った。

「先生はもう戻って練習を続けてください。私たちは、これからしなければならないことがあります。それを相談します」

連盟のトップスリーが総がかりで向かっても、井村の考えを変えさせることはできなかった。そんなことは彼らにとって、おそらく初めてではなかったか。

江蘇省の幹部は怒り心頭で、すぐさま選ばれなかった選手を省に呼び戻した。

第五章

ロンドン、心ひとつ

チームになった！

ロンドンの空が変わりやすいというのはほんとうだ。シャワー・アンド・サンシャインの言葉通り、サーッと降ってきたかと思うとすぐに太陽が顔を出す。それが一日に何度も繰り返される。

オリンピック・パークに隣接して建設された欧州一の大ショッピングモールからパークに向かう人々の群れは、雨が降っても誰も傘などさそうとしない。これから観戦しようという人々も、ボランティアたちも、自然と笑顔になっている。

競技場へと通じる通路で、まずはチケットチェックを受ける。ずらりと並んだオリンピック・パークの入場口で、手荷物検査と二度目のチケットチェック。オリンピック・パークに入ると国旗を手にした人々が行き交い、一気にお祭り気分に包まれる。英国国旗、ユニオンジャックをマントのように羽織った人、ユニオンジャックの柄のジャケットを着込んだ紳士もいる。

オリンピック・パラリンピックの開催が世界で唯一、三度目となるロンドンでは、招致に反対する人が多かった。開催期間中も、喧騒を逃れてロンドンを逃げ出した人が少なくないらしい。けれども、オリンピック・パークを歩く人たちの足取りは弾み、浮かれて楽しそうだ。

シンクロ競技が行われるアクアティクスセンターは、橋を渡った川向うにある。橋の手前で三度目のチケットチェック。テロなどを警戒してか、セキュリティチェックは厳重だ。アクアティクスセンターの入り口まで来ると、屋根の一部が通路にぐっとせり出していて、迫力を感じさせる。入り口で最後のチケットチェックを受けて中に入ると、高さが四十五メートルもある大きな空間が広がっている。

シンクロ競技は八月五日、デュエット・テクニカルルーティン予選で幕が切って落とされた。

競うのは二十四組だ。中国の黄雪辰・劉鷗組はロシアに次いで二位につけ、日本の乾友紀子・小林千紗組は五位につけた。中国チームが勢いづく。

競技は翌日六日のデュエット・フリールーティンへ。この種目では各国とも演技に趣向を凝らす。

ライバル、スペインは、コンチネンタルタンゴの哀切な調べに乗って、カルメンを高い芸術性で切なく情熱的に演じ、会場を惹きつけた。アンドロイド（人間型ロボット）に扮したロシアペアは、操り人形のようにユーモラスな動きを繰り出し、見る者を楽しませる。日本の乾・小林組は、ゆったりした三味線の音色に合わせて情緒あふれる日本らしさを表現し、演技の途中で客席から拍手をもらった。

中国は予選でスペインを下し、二位で七日のフリールーティン決勝に挑んだ。

中国の気丈なペアは、高い同調性と切れのある足技で、予選より一段とダイナミックな

「龍」を見せた。にもかかわらず、スペインに僅差で逆転された。

スペインは芸術性という点ではよく練られていたが、井村からすると足の動きは平凡だった。ミスもあった。第一、中国が新しい作品で勝負したのに、スペインは前年、世界選手権でも泳いだ作品を出してきた。それでもスペインは予選の三位から二位に這い上がった。

井村にはピンとくるものがあった。ヨーロッパ出身の審判員らが阿吽の呼吸でスペインに味方したにちがいない。既視感のある出来事がまた起きた。過去にも同じ口惜しさを何度も味わった。

ヨーロッパの国々は無言のうちに団結する。アジアはバラバラだ。競技ではライバルであっても、必要な場面ではアジアの国同士、手を結ぶ。それくらいのことができなければ、いつまでたってもヨーロッパ勢の後塵を拝するだけだ。

銅メダルを胸に、黄雪辰・劉鷗の二人は表彰台で誇らしげに手を振っていた。北京五輪で取りそびれたデュエットのメダルをロンドンで取り返した。銅であってもメダルを手にしたうれしさは格別だろう。

井村は、表彰式をみつめるほかの選手たちの様子がいつもとちがうことに気が付いた。スペインに逆転されたことが悔しくて、表彰台の二人のために涙を流している。デュエットでの出場機会を奪われた蔣姉妹までが泣いていた。こんな光景は初めてだった。

これまではどのような試合でも、誰かがメダルを取っても、ほかの選手は素知らぬ顔だった。「おめでとう」と声をかけたり、一緒に喜んだりするところを見たことがない。それどころか自分と異なる省出身の選手が勝ったときは、不快そうな表情をあらわにすることがあった。表彰式には当事者以外、誰も残らず、見ようともしなかった。同じチームの仲間なのに、と毎回、井村をあきれさせた。

いま、選手たちは、デュエットの二人の口惜しさをわがことのように感じて泣いている。

「私のチームがとうとう一つになった」

選手らの姿を見守りながら、井村は喜びをかみしめた。

一番乗り

北京五輪のときより量も質も三倍の泳ぎを選手に求めた井村は、自身も勝つためにできる限りの手を打った。その一つが会場への一番乗りだ。ロンドン五輪の一年以上前から「会場には一番乗りをしたい」と国家体育総局に言い続けてきた。

中国は世界選手権でアジア大陸一位となって五輪出場権を獲得し、プレ五輪の最終予選を免れた。日常の練習に集中できるのはありがたかったが、事前に本番と同じプールで泳ぐ機会が得られないのは致命的だ。選手たちにはなんとしても本番前に試合用のプールで泳がせ、不安を除いてやりたかった。

七月二十七日が開会式で、次の日から競泳競技が始まる。その前にロンドンに着かなければオリンピックプールは使えない。

　中国チームは二十三日に選手村に入った。シンクロの試合は八月五日からだから、十日以上も余計にイギリスに滞在することになる。当然、費用がかさむ。しかし、体育総局は井村の要求を受け入れた。おかげで開会式前の三日間、本番プールで音楽をかけて、存分に練習することができた。

　陸上動作をするステージに実際に立って感触を確かめる。プールの水の色はどんなふうで、肌への当たりは軟らかいのか硬いのか。ぬめり具合はどうか。飛び込んで十メートルのラインには模様がある。十二メートルのところには水中窓があり、二十メートルで審判員席の正面に来る。会場の天井は高く、一部が斜めになっている。

　観客席の最上階は北京五輪の会場よりさらに高く、演技のときの視線は思い切って高く修正する必要があると井村は考えた。

　選手たちは三日の間に本番プールを隅々まで把握し、自分たちのものにした。大きな自信になったことは間違いない。

　一番乗りをした理由は、ほかにもあった。メディアに注目してもらうことである。開会式より前に練習しているチームは、地元イギリスと、早々と現地入りした中国くらいのものだ。北京でメダルを取った中国は前評判も高く、新聞はこぞってリフトの場面の写真とともに練習ぶりを報道した。これは選手たちのモチベーションを大いに高めてくれた。

七月二十七日の開会式には全員で参加した。メインスタジアムに入ったとたん沸き上がる大歓声。手を振りながら歩くと、大勢の観衆が怒涛のような拍手と声援を返す。自分たちが戦おうとしている舞台がどれほど注目を浴びるすばらしいものなのか、瞬時に伝わってくる。

オリンピックがなぜ楽しいか。それは人間が限界に挑む姿が見られるからだ。体力の限界だけでなく、精神力の限界をも突き破ろうとする。極限の戦いに挑戦する選手たちの姿から、見る人たちもそれぞれの人生に勇気と励ましをもらうのだ。

開会式に出席した選手たちは心地よい興奮に包まれる。その昂揚感を保ったまま試合に入っていければ上々だ。

開会式の翌日から競泳競技が始まり、プールが使えなくなったため、中国チームは前もって借り上げておいたロンドン郊外にあるサリー大学、サリー・スポーツ・パーク内のプールへと移動した。

中国でのハードな練習に区切りを付けて、現地に入ると、精神面を重視した軽めの練習に切り替えた。「ここだけ」というポイントに絞って修正し、完成に近づいているという自信を呼び起こすためだ。

試合が始まる三日前、八月二日に選手村に戻って来た。

井村にとって八回目となるオリンピック。そこに過去七回の五輪で得た経験のすべてを注ぎ込んだ。それらは万事、奏効した。けれども、選手の心が一つに重なり合うことまでは予期していなかった。

中国のお家芸である体操団体や、卓球団体は、個人の成績の合計で順位が決まる。複数の選手が心を一つに戦うチーム競技とは別のものだ。

個人の力は強いけれど人と力を合わせることが苦手と言われる中国で、一つのナショナルチームを作り上げたことが誇らしかった。長く、つらい練習。同じ食堂で無理やり胃に押し込んだ大量の肉や魚や野菜の数々。どの選手も分け隔てなくかわいがり、上手な選手も下手な選手も今より一段階伸びるよう力を尽くし、一人ひとりの人生を大切にした。

そういう気持ちは必ず通じるものなのだ。


「デュエットの二人は歴史を作った。みんなもチームで新しい歴史を作ろう」

井村の呼びかけに、選手たちは「がんばる」と、涙にぬれた顔に決意をみなぎらせた。

「翌日の練習時間は短かったけど見違えるほど上手になりました。国より省、の中国で省を乗り越えて一つのチームになった。私のチームがようやく一つになったんです」

チーム競技の決勝を迎えて井村の胸にあったのは、選手たちが必ず自分の望んでいるような演技をしてくれるという信頼だった。心配することは何もない。試合に向かう選手にかける言葉も特にない。「リフトはタイミングよく」「プールの底に足を着かないで」と、油断を戒《いまし》める注意をしただけだ。

フリールーティンの曲にはちょっとした仕掛けをしておいた。速く、ときにゆったりと飛翔する蝶をイメージした曲の中に、英国のテレビ番組のテーマ音楽の一節を滑り込ませたのだ。イギリス人なら誰もが耳にしたことのあるメロディーだ。観客はきっと喜んでくれることだろう。

あとは、あなたたちが自由に舞う蝶となって見る人々に幸せを運ぶのだ。さあ、思い切りいきなさい。

二人を持ち上げて立て続けに飛ばせたり、水面と平行に回転したり。より高度になったジャンプやリフト。演技終盤のよくしなる長い足の連続技は「しんどくてできない」という選手たちとけんかしながら押し通した振り付けだ。

中国チームの演技は途中で何度も拍手に包まれ、終了後もしばし拍手がやまなかった。電光掲示板に浮かび上がった点数はロシアに次いで二位。銀メダルが確定すると、選手たちは誰からともなく泣きながら抱き合った。

ロシアの国旗を真ん中に中国、スペインの国旗がゆっくりと上がる。

表彰台では中国の選手たちが高く掲げた両手を大きく振っていた。

笑顔で表彰式を見ていた井村の右手がポケットに滑り込んだ。観客席でそれを目にした浅岡良信は直感した。

「あ、先生からメールが来る」

井村は普段、プールサイドでは決して携帯を使わない。メールもしない。けれども、予想通り一秒後に浅岡の携帯に井村からのメールが届いた。

「のぶさんありがとう。本当に本当にありがとう」

短い文面に井村の思いがあふれていた。

今回、フィジカルコーチの浅岡にはIDカードが出なかった。井村はそれに抗議し、競泳の分を回せと、五輪開幕直前まで体育総局に交渉を重ねた。中国は世界で一、二を争うスポーツ強豪国だ。オリンピックには大選手団を送り込む。だが、マイナー競技であるシンクロの指導者に割り当てられるIDカードはわずか三枚。他の上位国の半数ほどしかない。

ロンドンの五輪会場へ入れるのはヘッドコーチの井村と二人のコーチだけと決まった。浅岡は、サリー大学で行う練習時のトレーニングには同行できても五輪会場まで同行することは許されなかった。中国でフィジカルコーチの重要性は、まだ十分には理解されていない。

選手全員が故障なしで試合に出られるのは浅岡の働きがあったからだ。井村と浅岡は選手たちを強くするため共に戦ってきた。自分がプールサイドで采配を振るっているのに、浅岡はテレビの前で中国選手の演技を見ている——。そんな場面を想像しただけで、井村は自分を許せない気がした。

シンクロの全試合のチケットを手に入れ、競技期間中のロンドンのホテルを予約して浅岡にプレゼントした。

「観客席で祈ってくれているのぶさんの気持ちとともにプールサイドに立ちます」との言葉を添えて。

浅岡にはもう一つ、心揺さぶられる出来事が起きた。デュエットで銅メダルを取った劉鷗が、表彰台を降りてまっすぐ観客席に走り寄り、いきなり手にしていた勝者をたたえる花束を浅岡に向かって投げ上げた。

「びっくりしたし、感激で胸がいっぱいになりました」

浅岡は、花束をつかみ取った瞬間を思い返すたびに鳥肌が立つという。

水疱瘡のために北京五輪への出場が危ぶまれた劉鷗は、ロンドンでは中国代表チームのキャプテンを務めていた。浅岡とはトレーニングのメニューや食事の量を巡って、しばしばぶつかった。若手がさぼっているときチーム全体を引き締めようと、あえてキャプテンの彼女をきびしく叱責したこともある。劉鷗は拗ねて反抗的な態度で向かってきた。激しく衝突した末、二人で二時間あまり話し合ったこともあった。

劉鷗にとって、自分は頑固な厄介者だろうと思っていただけに、彼女の気持ちが胸にしみた。

日本は「摩訶不思議ワールド」というテーマに託して生命の誕生と進化を表現したが、カナダに次ぐ五位だった。北京五輪のデュエットでかろうじてつないだメダルだったが、それ以後、日本は国際大会で敗れるたびにコーチの辞任が繰り返された。ロシアから招いた振り付け担当コーチも、シンクロ委員会の指導方針と合わず、契約が解除された。

一九八四年のロサンゼルス大会以来、五輪で獲得し続けてきたメダルを、ロンドンで失った。

しかし、失意の乾友紀子選手と小林千紗選手に、誰も知らない奇跡のようなひとときが訪れていた。二人とも井村シンクロクラブに所属しながら、ロンドン五輪に向けて井村の指導を受けることが叶わなかった選手だった。

それはデュエットの予選が行われた日のことだ。選手村へ戻るシャトルバスに乗って出発を待っていると、井村が一人で乗り込んできた。予選の試合終了後、井村は地元イギリス、中国、日本と、次々にメディアにつかまってインタビューを受けた。そのせいで帰りは中国選手たちと離れ離れになっていた。

二階建ての大きなバスに、乗客は三人だけだ。神様がくれたとしか思えないめぐり合わせだった。

「今日の演技について、言っていい？」

井村が話しかけると、二人は身を乗り出した。

「ていねいに泳ぎ過ぎていたね。もっとエネルギーを出して水を動かしなさい。手が水面に当たるときは音を立てて水を飛ばさなければ。あのプールでは、ていねいに泳ごうとするより自分の思いを強く出すの。試合はある意味、けんかやで。視線はもっと上。一番上の席の人にもエネルギーを届けるんや」

乾と小林は練習を積んで健闘した。しかし、井村の目には演技が小さくまとまり過ぎていた。それではだめだ。観客を巻き込めない。

デュエット・フリールーティン決勝で、乾・小林ペアは予選のときよりはるかに勢いのある、いい演技を見せた。順位は五位、と変わらなかったが、四位カナダとの点差を詰めて、日本復活への希望を感じさせた。

八月十二日夜、十七日間にわたったロンドンオリンピックが閉幕した。

地元、英国はメダルラッシュに沸いた。サウジアラビア、カタール、ブルネイから初めて女子選手が参加し、二十六競技すべてで女子の種目が競われた。

水泳競技が行われたアクアティクスセンターは、ロンドンを拠点に活躍していたイラク出身の建築家、ザハ・ハディドがデザインしたものだ。クジラをイメージしたという、波打つような流線型の屋根を持つ。女性で初めて建築界のノーベル賞といわれるプリツカー賞を受賞した彼女は二〇一六年三月末に米国で心臓発作のために急死し、世界から惜しまれている。

ザハ・ハディドの名前は、今や日本でもすっかり有名になった。二〇一五年に国民的な関心を集めた新国立競技場問題によってである。

二〇二〇年の東京オリンピック・パラリンピックの主会場となる新国立競技場の建て替

えは、当初、国際デザインコンペで選ばれたザハ・ハディドの案で建設されることになっていた。しかし、建て替えの場所である東京・神宮外苑一帯は首都が誇る数少ない緑豊かな風致地区だ。決して広いとはいえない敷地に、周囲の景観とはまるで異質の巨大な流線型の屋根を持った建物を建てることに多くの専門家や国民が反対をした。高額過ぎる建設費や維持費も俎上にのぼり、ついに白紙撤回へと至ったのだ。

デザイン重視か、五輪後の使い勝手のよさか——。

アクアティクスセンターを建設するにあたって、英国も同じ悩みに直面し、葛藤の末、国やロンドン市はオリンピック後を優先することにした。

当初の案のまま形にすると、建築費が二倍ほどにふくらむことも問題視して、政府とロンドン市は修正案を要請、ザハ・ハディドはそれを受け入れ、屋根の大きさを三分の一ほどに縮小したという。その結果、クジラらしさはちょっぴり損なわれたが、観客席の多くを仮設にし、プールの水をトイレに再利用する、環境にやさしい水泳場が完成した。収容能力一万七千五百人。五輪閉会後は座席数を二千五百に減らして使われる。

三度目のオリンピック開催となる英国は、世界中から人が集まる祭典を、貧しい人々が多く住む荒廃したロンドン市東部の再生につなげる戦略を立てた。東部地区にオリンピック・パークを設けて競技場などを建設し、二十年ほどかけて周辺に十一の学校や駅、約一万戸の住宅を整備する。

オリンピックの恩恵を次世代に残す取り組みだ。

二つの国

　ロンドンから北京に戻ると、井村も驚くほどの歓迎にあった。

「魔の会議」で代表選手の入れ替えを迫った三人組、中国水泳連盟会長も、いちばん強硬だった副会長もシンクロ委員長も、特上の笑顔で感謝の言葉を口にした。おそらく、それぞれ上のポストへの昇格が待っているのだろう。

　街ゆく人たちも井村をみつけると声をかけてきた。

「シンクロの先生ですね。中国を強くしてくれてありがとう」

　新聞各紙は、デュエットで銅、チームで銀の快挙を一面で大きな写真とともに取り上げた。

「たくさんの写真の中で私が一番好きなのは、二位に決まった瞬間に、選手同士が肩を抱き合って泣いているところを撮ったものです。私は写っていないけど見るたびに幸せな気持ちになれる」

　井村がこう言うのには理由がある。中国がロンドン五輪で獲得した八十八個のメダルのうち、「チーム」で取ったのはシンクロの銀一つだけだからだ。

「長いコーチ人生で、私の自慢のチームの第一位はシドニー五輪のときの日本代表チーム。すばらしいチームでした。次がこのロンドンの中国代表チームです」

　五輪が終わると、選手らはメダルというこのうえないお土産を手に、解団式の前にいったん数年ぶりに故郷へ帰って行った。

八月十七日は解団式、偶然、その前日が井村の誕生日だった。帰郷していた選手たちは、こっそり示し合わせて一日早く北京に戻り、井村の好きな広東料理店でサプライズの誕生祝いの宴を開いてくれた。

プレゼントの見事な玉《ぎょく》に添えられたカードには、英語でお祝いと感謝の言葉が連ねられ、美しい日本語で「お誕生日おめでとうございます」と書かれていた。

井村も心をこめて礼状をしたためた。

二度にわたって計三年あまり中国で暮らしながら、中国語はさっぱり上達しなかった。かつてサッカー日本代表チームの外国人監督がいつまでたっても通訳に頼る様子を見ていて、「ちょっとくらい日本語覚えたらいいのに」と不満に思ったことがあったが、いざ自分が海外に出てみると、言葉を覚えるどころではないと身に染みた。語学に費やす時間があったら一分でも多く選手を上達させることに使いたいと思うからだ。

「私の選手へ
ロンドン五輪に向けて、毎日の訓練の中で選手のみなさんやコーチたちも涙を流し、負けそうになる自分と戦っていたことが何度もあったことでしょう。
最後の最後までみなさんは私を信じて、あきらめずに、よくついてきてくれました。
みなさんのロンドンでの演技は最高にすばらしかったです。

よくまとまった一つのチームになりました。

一人ひとりを私は誇りに思っています。

中国のコーチとして二回のオリンピックに参加でき、世界と戦うことができた私は幸せなコーチです。

私の六十二歳の誕生日は忘れられない、すばらしい誕生日でした。

ありがとうを何度言っても足りないくらい、みなに感謝しています。

さよならと言ったら、涙が止まらないので言いません。

また必ず会いましょう」


このような文章を日本語で綴り、通訳に教えてもらいながら一時間以上かけて一語、一語、中国語に訳して清書した。

翌日、人民大会堂で開かれた解団式では、五百数十人の選手やコーチらが、胡錦濤国家主席を始めとした政界のトップ十六人からねぎらいを受けた。

井村から初めて中国語で書かれた手紙をもらったシンクロ選手たちは、大喜びでさっそくブログなどで披露した。

日本の選手たちと六回、中国選手とともに二回、計八回のオリンピックを戦った。

「回数なんて、数えたことないですね。いま目の前にいる選手をどうしたら強くできるか。

輝かせられるか。毎回、毎回、そればかり。過去も将来も考えない。その結果、日本にも中国にもたくさんの教え子がいる。私はほんとに幸せなコーチです」

両国のスポーツに対する考え方や育成の違いをつぶさに知ることができたのは収穫だった。

中国では、たとえばシンクロというスポーツをするかどうかは省のスポーツ局が決める。中国の国土は広い。常夏に近い地域もあれば、極寒の山間地もある。大都会もあるし、農村地帯もある。省は自分たちの地域の気候と風土に合ったスポーツに力を入れる。好きでそのスポーツを始めた選手は稀《まれ》だ。才能を見出され、選ばれて練習に励み、国を代表する選手に上り詰める。

双子の蔣姉妹はかつて競泳の選手だったが、足が長すぎてキックが効率的に推進力に変わらないため、美しい足を生かせるシンクロへの転向を勧められた。

新体操や飛び込みの選手から転身してきた者もいる。シンクロは競泳選手並みの泳力がいるので、泳ぎの基礎がない選手は苦労を強いられる。それでも選手に否はなく、ひたすら期待に応えようとする。選ばれれば省の希望の星となる。本人ばかりか、家族にとってもこのうえない名誉だからだ。

選ばれた子どもは自分の町から省へ、やがては国へと育成システムの階段を上がる。親元を離れて寮に入り、日常生活に必要なものはなんでも無償で与えられる。練習にも費用がかからないばかりか、小学校の高学年くらいの年齢になれば、競技の成績次第で給料のようなものまで支払われる。むろん、勉学の機会も保証されている。

井村が心から敬愛する飛び込みコーチ、馬淵崇英も、かつては国家に見出された育成対象少年の一人だった。運動が得意で、体操に励んでいた小学五年生のある日、突然、飛び込み専門のコーチにスカウトされた。「明日からは飛び込みをやりなさい」と、一人だけ体操チームから引き離されて、有無を言わせず飛び込みチームに入れられたのだ。

いまでこそ飛び込み王国の中国だが、当時はそれほど普及していなかった。そこで国がジュニアの体操チームの中から見込みのありそうな子どもを選んで集め、強化を始めたばかりであった。

馬淵少年は飛び込みという競技を一度も見たことがなかったし、第一、泳げなかった。にもかかわらず飛び込みの練習プールに連れて行かれて、いきなり水に放り込まれた。

溺れてしたたか水を飲み、必死でもがいて顔が水面に浮かび上がると、プールサイドに引き上げられて「飛べ」と放り込まれた。また溺れそうになって、やっとのことで水面に顔を出す。また飛ばされる、の繰り返し。嫌で嫌でたまらなかった。

「練習に行きたくない」と両親に訴えても「国が将来を保証してくれるんだからがんばってみたら」と逆に説得された。大好きな体操をあきらめて、飛び込みに転じるほかなかった。周りの人たちには「おまえは幸せ者だ」とうらやましがられたけれど、ずっと暗い気持ちを引きずっていた。

高い飛び板から水中に飛び降りる。あるのは圧倒的な恐怖である。ひとつ間違えば、大きな事故につながりかねない。毎回、襲いかかる恐怖心と戦いながら、美しい姿勢で水中をめざす。

人は何のためにこんなことをするのだろう。

小学生に答えは出なかった。それでも飛び込みはめきめき上達し、始めて一年で全国大会に出るまでになった。以後は明けても暮れても飛び込み一筋だった。


中国では、スポーツは国民みんなが楽しむものとは言い難い。運動能力に恵まれた一握りのエリートが、生活の保障を受けながら国威発揚のために献身するものだ。

中国チームを教えていたとき、井村は時折、上海のプールを借りて合宿をしたが、立派な五十メートルプールを使うのは、ほんの十数人のトップ選手のみだ。彼らのために、年間数億円にのぼる維持費が惜しげもなく費やされる。練習場所の確保にいつも頭を悩ませている日本のコーチや選手のことを考えると、毎回、複雑な思いに駆られたものだ。

選手らの省への忠誠心の強さと、各省間の競争の激しさは驚くほどだった。

中国のスポーツ関係者と各省がオリンピックと同じくらい熱を上げるのが四年に一度の中国大運動会である。国内の大会なのに、国際大会と重なればそちらを欠場するほど力を入れており、省と省が威信をかけてぶつかり合う。中国大運動会が近づくと、井村は巻き込まれないようさっさと日本に帰るか、宿舎に引きこもって心ゆくまで他国の演技の分析などに没頭した。

省の幹部らは何かにつけて井村を食事に誘い、また贈り物をしたがった。自分の省の選手に目をかけてもらおうという意図がありありと見えた。

中国へ指導に行ってほどなく、井村は食事に誘われても受けないし、贈り物も一切受け取らないとお触れを回してもらった。それでも贈り物攻勢はやまなかったが、届いたものをいちいち返すうち、ようやく品物が送りつけられることはなくなった。後日、幹部の幾人かが「先生はフェアな人ですね」とささやきかけた。よくない慣習だとの自覚があっても、なかなかやめられないのだろう。

北京五輪後もロンドン五輪後も、いくつもの省から「今度はぜひわが省の指導者に」と引く手あまただった。それらの誘いを受ける気は、井村には毛頭なかった。

日本では野球をするか、サッカーをするか、誰もが自分で好きに決められる。フィギュアスケートのメダルが続けばフィギュアスケートを始める子どもがあちらこちらに現れ、ラグビーの日本代表チームが活躍すればラグビーをやりたい子どもたちが増える。そのことは何物にも代えがたい。

だが、自由に選べる代わりに、用具も練習費用も、すべて個人が負担する。アマチュアスポーツは仕事との両立が困難で、選手もコーチも続けることに苦闘を強いられる。

トップアスリートの養成は、それだけに力をそそぐ中国の足元にも及ばない。

もちろん日本でもオリンピックの強化選手に指名されるとランクに応じて強化費が支給

されるが、井村はそれより前の段階にこそ支援が必要なのだと強調する。

二〇一五年十月、日本にもようやく念願のスポーツ庁が誕生した。二〇二〇年に東京オリンピック・パラリンピック開催が決まったことが追い風になった。文部科学省の外局に置かれ、初代長官にはソウル五輪男子百メートル背泳ぎ金メダリスト、鈴木《すずき》大地《だいち》・日本水泳連盟会長（当時）が就いた。

学校体育は文部科学省、国民の健康増進は厚生労働省、国際スポーツ交流は外務省、運動公園の整備は国土交通省、スポーツ産業は経済産業省と、てんでバラバラだったスポーツ行政を束ねる司令塔の役割を果たす。しかし、肝心の権限や予算の多くが縦割りの壁を崩せず各省庁に残ったままだ。これでは十分な力はふるえない。しかも日本のスポーツ予算の配分は、競技スポーツに偏《かたよ》りがちだ。

スポーツ庁が担うのはトップアスリートの強化だけではない。国民みんながスポーツに親しみ、健康で豊かな生活を楽しめるよう、スポーツを暮らしに根付いた文化に高める役割を負っている。ところが、国内の学校を含むスポーツ施設は二〇〇八年から二〇一八年までの十年で約二万か所も消えて、十一万五千ほどに減っている（スポーツ庁「平成三十年度学校体育・スポーツ施設現況調査」）。

市町村合併や人口減、自治体の財政悪化などが原因で、老朽化した施設を修理できずに閉鎖するケースが相次いでいる。誰もが気軽に多様なスポーツを楽しめる環境と、よき指導者がいなければ、裾野は広がらない。国のスポーツ基本計画は、週に一回以上スポーツをする大人を六十五パーセントに、週に三回以上スポーツをする大人を三十パーセントにすることを目標に掲げている。しかし、現状は週に一回以上スポーツをする大人が四十七・五パーセントと半数にとどまっている（文部科学省「体力・スポーツに関する世論調査」）。スウェーデン、オーストラリアの六十九パーセント、フィンランドの六十六パーセントに比べると、まだまだ低い水準にある。

日本と、中国。

スポーツに対する考え方も文化も大きく異なる二つの国。その両国のシンクロ選手が合同で合宿して互いに学び合う日々を夢見て井村は海を越えた。

二つの国が交流を重ね、互いに相手の演技を正当に評価し合う関係を築きたい——。

その願いは、いまだ成就していない。

井村が中国とかかわった二〇〇七年冬から二〇一二年夏にかけて、日中関係は何かとさくれだっていた。

小泉純一郎元首相は、二〇〇一年の総裁選に立候補するにあたって、八月十五日の靖国神社参拝を公約に掲げていた。総理の靖国参拝は、中国や韓国の反発を考慮し、長年行われてこなかった。

二〇〇六年八月十五日。元首相はついに公約通りの参拝を果たす。九月の退陣を目前にした終戦記念日のことだった。中国、韓国からは、強い非難が起きた。

井村が「裏切り者」との声を背に、初めて中国へと渡ったのはそんな時期だった。

当初、冷ややかだった中国のメディアは、シンクロの成績を上げるとあっさり応援団になった。この件を除くと、中国に滞在している間、日本人であることで不快な思いをしたことはないと井村は言う。

その後も事件がいくつか起きた。

二〇一〇年九月、沖縄の尖閣諸島付近で中国漁船と海上保安庁の巡視船が衝突した。違法な操業をしていた中国漁船に巡視船が警告を発したところ、漁船は逃走する時、巡視船二隻にわざとぶつかって船体を破損させたのだ。船長は、公務執行妨害で、その場で逮捕された。当時は民主党政権で、菅直人《かんなおと》総理と前原誠司《まえはらせいじ》外相は、あいにく国連総会に出席していて留守だった。那覇地検は、仙谷由人《せんごくよしと》内閣官房長官の了承のもと、「日中関係に配慮して」船長を処分保留のまま釈放した。

この対応に、多くの日本国民が憤慨した。

日本で連日大きく報道された衝突事件が、井村の知る限り、中国ではほとんど伝えられなかった。国外にいるからわかることもある。日本の対応はいかにもまずいと感じさせられた。

「中国の政界トップの人たちは、やくざのような漁船のふるまいに内心頭を抱えていたはずです。日本は余計な配慮などせず、筋を通すべきだった。法治国家なのだから法にのっとって淡々とやればよかったんです」

相手にすり寄ってばかりでは、対等な関係は築けない。人と人、国と国との付き合いは、これが自分たちの流儀、日本のやり方だと、ぶれない軸を持つことが必要だ。中国へ進出している企業の幹部たちから中国人との付き合い方を問われるたびに、井村はそう答えてきた。一時の軋轢を避けて己を曲げても関係は深まらない。

井村は選手が練習時間に遅れることを許さない。大切なトレーニングマットや道具類を足で移動させようとすれば「手を使いなさい」と叱り飛ばす。どれほど贈り物を届けられても受け取らない。選手の選考は実力本位を貫くのが私の流儀。つまらない譲歩をしない姿勢が、かえって相手の信頼を引き寄せる。井村はそれを経験で知った。

二〇一二年九月に起きた尖閣国有化問題は日中関係をさらにこじらせた。その年の春、石原《いしはら》慎太郎《しんたろう》都知事が尖閣購入の方針を発表し、国民に募金を呼びかけた。あわてた野田《のだ》佳《よし》彦《ひこ》首相は七月、尖閣国有化の方針を表明し、中国にもそれを伝達した。それ以降、中国の漁業監視船が尖閣沖の領海に一時侵入したり、香港の活動家が尖閣に不法上陸したりと、不穏な出来事が立て続けに起きた。

九月九日、ロシア・ウラジオストクで開かれていたアジア太平洋経済協力会議（ＡＰＥＣ）のさなか、野田佳彦首相と胡錦濤国家主席が非公式の会談をもった。国家主席は尖閣諸島の国有化に強く反対し、自重するよう求めたという。しかし、野田首相は会談の翌々日に国有化を閣議決定して尖閣諸島のうちの魚釣島と南小島、北小島の三島を二十億五千万円で購入し、海上保安庁の保有とした。

中国の反発はすさまじかった。

丹羽宇一郎《にわういちろう》・中国大使を呼んで、「強烈な抗議」を申し入れ、温家宝《ウエンチアパオ》首相が「領土問題では半歩も譲らない」と異例の強い口調で演説をした。

北京の日本大使館の窓ガラスが割られ、反日デモが北京、上海、瀋陽、広州など百以上の都市に広がった。日本から進出しているスーパーやデパートの店舗が次々に襲われ、商品が略奪された。二十三日に予定していた日中国交正常化四十周年記念式典は中止に追い込まれた。

対中国強硬派として知られる石原都知事は尖閣に港湾施設を整備し、灯台を建設すると公言していた。そんなことにでもなれば、日中関係はいよいよ危ういものになる。それを止めるには東京都に代わって国が買うしかないと政府は考えたのだろう。

「それにしても、もうちょっとやりようがあったはず。慎重に、しずしずと国有化する方法を探るべきだった」

井村は語る。

中国は、何よりメンツを重んじる。日本が尖閣国有化の発表に踏み切ったのは胡錦濤国家主席が「国有化は自重して」と申し入れたわずか二日後のことだった。政府も人々も、国有化そのものより最高指導者のメンツをつぶされたことに憤ったのだ。

騒ぎが起きても井村は心配しなかった。中国人の友人や知人たちから次々に気遣いのメールが届いたからだ。みんな一様に事態が早く収まることを願っていた。

「中国と日本は誰も住んでいない小さな島を巡っていがみ合っている。もし、宇宙人がいたら、きっと笑われるでしょうね」

中にはそんなメールもあった。

日本と中国は、いまや分かちがたく結ばれている。それが三年あまりを北京で暮らした井村の実感だ。

シンクロ選手たちの愛用品は数多くの日本製品で占められている。化粧品、お菓子、カメラ、ビデオ……。彼女らのｉＰａｄには日本のアニメや漫画が何本もダウンロードされていた。

『ドラえもん』で日本語の挨拶を学び、「行きたい国は？」と聞かれたら、迷わず「日本」と答える現代の若者たちだ。日本製品のない暮らしは考えられないだろう。

尖閣国有化が原因で中断を余儀なくされた交流もあるが、切れることなく続いている交流もある。

「尖閣の映像ばかり流さずに、地道に続いている交流の方も取り上げてもらいたい。その方がよっぽど両国民の役に立つ」

井村は不満げだ。

中国の人々の日本製品に対する信頼は絶大で、関係が絶えることなど誰も望んでいない。ここ数年、日本を訪れる外国人が急増している。二〇一五年の外国人旅行者は過去最多の千九百七十三万七千人で、前の年より四十七パーセントも増えた。なかでも中国人（香港・台湾を除く）が国・地域別で最も多く、前年の倍以上の四百九十九万人に上る（二〇一六年一月十九日付朝日新聞）。

隣人たちとの交流は、確実に広がり、深まっている。

井村は明るく強く、言い切った。

「政治がどんなに険悪でも、国民一人ひとりの考えは違う。日本と戦争をしたいと思っている人なんか、一人もいません。私はそれを肌で感じています。時間をかけて、じっくり付き合っていけばいいんです」

第六章

織り成す人生

夜叉の舞

シンクロナイズドスイミングに少し関心のある人ならば、ヴィルジニー・デデューという名前に聞き覚えがあるのではないだろうか。ノーズクリップを付けず、まるで人魚のように自在に水中を泳ぎ回るフランスのシンクロスイマーである。

二〇〇三年、スペインのバルセロナで開かれた水泳世界選手権で、「カミーユ・クローデルの生涯」を演じ、見る者の心をわしづかみにした。審判員全員から10点満点の芸術点を引き出しての優勝だった。

つづく二〇〇五年の世界選手権モントリオール大会でも優勝、その後いったんは引退したものの二〇〇七年のメルボルン大会で復帰し、「マリア・カラスの生涯」を泳いで優勝し、世界水泳三連覇という偉業を成し遂げた。

「不世出のソリスト」として称賛をほしいままにするきっかけとなったのが、「カミーユ・クローデルの生涯」の演技である。

彫刻家としての才能にあふれた美しいロダンの弟子、カミーユ・クローデルは、内妻のいたロダンとの愛のもつれや作品をめぐる恩師との確執に苦しみ、やがて精神障害を発症する。人生の幕を、人里離れた精神病院で閉じなければならなかった悲劇的な女性の生涯は、映画などでも描かれてきた。

デデューは彼女の一生をひとり芝居の舞台さながらに三分半の泳ぎで描き出してみせた。

表情豊かな大きな目が愛の喜びに輝き、不信に曇り、世間の目におびえ、と鮮やかに変化するさまを観客は目の当たりにした。手も足も、水面に広がる波紋や水の一滴までもがカミーユ・クローデルの内面世界を映し出して揺れ動くのを観客は目撃し、心を深く揺さぶられた。

「カミーユ・クローデルの生涯」は、シンクロ史上に輝く名演技として長く語り継がれるにちがいない。

しかし、もし奥野《おくの》史子《ふみこ》の「夜叉《やしゃ》の舞」がなかったら、「カミーユ・クローデルの生涯」も生まれていなかったかもしれない。

ときを、一九八八年、ソウル五輪のころにもどそう。

すらりと伸びた手足を持ち、スターのような雰囲気をまとった小谷実可子《こたにみかこ》選手が現れたことで、シンクロナイズドスイミングへの関心や人気が一気に高まった。森英恵《もりはなえ》がデザインした華やかな水着で泳いだソロの演技「蝶々夫人」で、小谷は銅メダルを獲得した。田《た》中京《なかみやこ》と組んだデュエットでも銅メダルを取り、前回のロス五輪に続いて日本に二つの銅メダルをもたらした。

二人の選手はともに東京シンクロクラブに所属し、小学校高学年のころから金子正子が手塩にかけて育ててきた。

日本代表コーチとして何度も五輪を経験している井村が、唯一アシスタントに回ったのがこのソウル大会である。このころ井村は、まだ独立の逆風の中にあった。だが、何年に一度という逸材と出会い、自分のクラブで大切に鍛えあげていた。それが京都出身の奥野史子である。

奥野は期待に応えて四年後の一九九二年、バルセロナ五輪のソロ競技で銅メダル、高山《たかやま》亜樹《あき》選手と組んだデュエットでも銅メダルに輝いた。井村シンクロクラブ所属の選手をオリンピックのメダリストにするという願いが、独立から七年の歳月をかけてようやく実を結んだのだ。コーチの井村雅代にとっては何物にも代えがたい、価値あるメダルだった。

浜寺水練学校を離れて井村シンクロクラブを旗揚げしたことで、大阪中のプールから締め出しを食っていた。いまに見ていろ。井村シンクロがなければ日本代表は成り立たない。いつかきっと、そう言わせてみせる。その一念で冷たい仕打ちに耐えた。

「一緒に練習しましょう。うちの選手も強くしてください」

手を差し伸べてくれた京都踏水会で、井村は奥野史子と巡り合ったのだ。小柄ながら、高い身体能力に恵まれた選手だった。全身がバネのようで、泳ぎにスピードとパワーがあった。よい選手に欠かせない資質である負けん気も強かった。

奥野は井村シンクロクラブに移籍し、技術を磨いて五輪のメダルに到達した。奥野の技術があれば世界一も夢ではない。二人は、ときに激しくぶつかり合いながら、一層、技術に磨きをかけた。

そうして臨んだ翌年のシンクロワールドカップ、スイス・ローザンヌ大会で、ソロに出場した奥野史子は四位に泣いた。

ひねりを入れて回転するなど、当時、誰もできない高度な技を駆使して泳ぎ切ったのにだ。

奥野は、井村が密かに世界一だと認めていたソリストである。その奥野がメダルを取れなかった。井村の目には、さしたる技術も持たず、ただきれいなだけの選手が一位、二位、三位を占めた。

「オクノは素晴らしかったのに」と、メキシコチームのコーチが一緒に悔し涙を流してくれた。が、そんなことは何のなぐさめにもならなかった。

井村の目指す泳ぎ、求めることに応えようと、奥野は反発しながらも、どんなきびしい練習を課してもやめずについてきた。

「奥野にこれ以上、何をやらせればええの」

途方に暮れた井村は、なりふり構わず他国のコーチたちに聞いて回った。そんなことは後にも先にもこの一度きりだ。

何日も考え抜いた末に行きついた答えは「技術に頼りすぎた」ということだ。

奥野は身長が百六十センチと小さく、表現力も豊かとはいえなかった。欠点を補おうと、ひたすら技術に走ってきた。苦手なものを避けてきた。そこに落とし穴があった。

なんとしてでも表現力を身に付けさせよう。

井村は奥野を石崎共美に預けることにした。プールから締め出されて練習場所の確保に四苦八苦していたとき、新しくオープンしたフィットネスクラブの管理職が「うちのプールを使って」と声をかけてくれた。そこで知り合ったのがＯＳＫ日本歌劇団を退団してジャズダンスのインストラクターをしていた石崎共美である。

これからのシンクロには泳ぎの技術だけでなく、表現力も必要になると予見していた井村は、石崎に頼んで自分のクラブの二人の高校生選手に週に一度ダンスを教えてもらうことにした。二人は肩、背中、腕、胴……と、陸上で体を部位別に細かく動かす訓練や、拍子を取りながら音楽に動きを合わせる練習などを重ねていた。

「奥野を三か月預けます。この子に表現力をつけてやって」

井村の依頼に石崎は、一対一で使えるスタジオを借り切ってくれるなら、と条件を付けた。本気で取り組むなら人目を気にせず練習に打ち込める環境が必要だ。

井村は大阪市内にある数か所のスタジオを探し出して、借りる段取りをつけた。

最初の稽古の日、石崎は奥野と井村を前に「二人ともよく見ていてくださいね」と言うなり、大声で笑い、狂ったように泣き叫び、全身で怒りを爆発させた。

「あのときの二人の様子、いまでもはっきり覚えていますよ。ぽかんとして固まってました」

石崎は思い出して、おかしそうに肩をすくめた。

五分以上も一人で泣き、わめいたあとで、涙でぐじゃぐじゃになった顔をぬぐうと、

「奥野さんにはこういうことから始めてもらおうと思います」と、当然のように告げた。

奥野史子は切れ長の目をした東洋の女性らしいきれいな顔をしていたが、表情に乏しかった。小柄なうえに起伏の少ない顔立ちは、広いプールという舞台では見栄えがしない。白い歯を見せ笑顔を振りまいている、西洋人形のような欧米の選手と同じ土俵で勝負してもかなわない。観客を惹きつけるには、心の中に閉じ込めている感情をすべてさらけ出して泳いだ方がいい。泳いでいるのは人形ではなく人間だと訴えかけるのだ。

「目をカッと開いて！」

「口を大きく開けて！」

「もっと歯を見せて！」

石崎は奥野に容赦のない注文を出した。

何度言われても奥野の目は開かず、口も開かず、歯も見えなかった。くちびるの両端がわずかに持ち上がって、うっすらと笑っているように見えるだけだ。奥野は芝居がかった大げさな表情をつくることを嫌がった。羞恥心が邪魔をしているようだった。しかし恥ずかしさを克服できなければ豊かな表現力は手に入らない。ＯＳＫで男役としてダンスや芝居に打ち込んできた石崎自身も通ってきた道だ。

大阪市内のスタジオを二人で転々としながら、来る日も来る日も鏡の前でひたすら悲しみ、喜び、怒る訓練を積んだ。やがて奥野の顔にりりしさが宿った。表情筋が使えるようになると瞼のはれぼったさが消え、あごの線がシャープになった。怒りも嘆きも照れずに表せるようになった。

笑顔の勝負では欧米の選手に勝てそうもない。奥野は笑わずに勝負する。三分半の泳ぎの間、奥野を女優に仕立てればいい。石崎は必死にストーリーを考えた。

「思いついたのが夜叉でした」

一人の若い女性が生きていく。行く手には、いくつもの困難が待ち受けている。壁にぶつかり、悩み、苦しみ、自分のなかにも妬みなどのおどろおどろしい感情が渦巻いていることを知る。けれども、困難を乗り越えたとき、女性は成長し、再び歩み出すことができる。

奥野のために、そんな物語を考えた。タイトルは「夜叉の舞」だ。

どんなに苦しい場面でも、笑顔を絶やさず泳ぎ抜くのがそれまでのシンクロの常識だった。スポーツで苦しみや悲しみ、怒りなど負の感情を見せることが果たして観客に受け入れられるのか。

石崎は、自分の描いたシナリオに自信を持っていた。小さい日本人がたった一人で泳ぐのだから、これくらいのことをやらなければ勝負にならないという信念があった。しかし、誰もやったことがないだけに、「突拍子もないこと」と一蹴される恐れもあった。

石崎の提案を聞いた井村は即決した。

「よっしゃ、これでいこ」

シンクロにストーリーを持ち込むのは初めてのことだ。音楽も物語に合わせてオリジナルの曲を作りたいと井村は考えた。それまでは泳ぎを引き立て、あるいは勢いをつけてくれる既成の曲の一部をつなぎ合わせて使っていた。楽曲づくりを依頼する作曲家として声をかけられたのが、関西を拠点に活動している大沢みずほだった。

大沢は幼いころからピアノを学び、大阪音楽大学のピアノ科を卒業した。結婚してからも自宅で子どもたちにピアノを教えていた。

大阪の朝日放送に勤務し、音楽番組のプロデューサー兼ディレクターのような仕事をしていた夫に、あるとき唐突に「時代劇の主題歌を作ってくれないか」と頼まれた。歌い手が当時まだ新人だった俳優、三田村邦彦《みたむらくにひこ》で、著名なプロの作曲家に依頼するほど経費が出なかったのだ。

曲は朝日放送の看板番組だった必殺シリーズの『新必殺仕事人』で使われるという。

学生時代から趣味で作詞・作曲をしていた夫が詞を書き、最初の四小節を作曲して、「あとを続けて完成させて」と託された。大沢にとって作曲は初めてだったが、不思議なことに、歌詞を何度も読むうちメロディーがひとりでに浮かんできた。

想い出の糸車
からからから空まわり

と歌う「想い出の糸車」（一九八一年、作詞・作曲：山本六介《やまもとろくすけ》／編曲：竜崎孝路《りゅうざきこうじ》）は、一九八一年五月から一九八二年六月まで、毎週、テレビを通して家々の茶の間へと運ばれた。それからは勧められるままにCMソングやイベントのテーマ音楽の作曲を手がけるようになった。

井村が作曲家を探していることを知った制作会社の社長が、楽曲に和楽器を好んで使う大沢みずほなら、と引き合わせた。大沢は井村のことをまったく知らなかった。

「だから怖いというイメージもありませんでした」

会った翌日、大沢の自宅のファックスにコトコトと一枚の紙が送られてきた。そこには「夜叉の舞」のストーリーが記されていた。物語を三分三十秒の曲にする。ただの音楽ではない。勝つための音楽だ。

おもしろい、やってみよう。すぐに取りかかった。

出来上がった曲を井村に聴かせると「前半はいい。後半はイメージがちがう。作り直してほしい」などと、何度もダメ出しされた。

曲が一通り完成すると、実際に演奏して録音する作業に入る。大沢は日ごろから一緒に仕事をして気心の知れた音楽ディレクターでレコーディングエンジニアである栃尾《とちお》恒樹《こうき》に協力を頼んだ。CM音楽を数多く手がけた栃尾なら、短い時間でアピールするノウハウを心得ている。

テンポを測る機械を持ってプールサイドに現れた栃尾は奥野の練習を見て驚いた。かつてテレビで小谷実可子の演技を「きれいやなあ」と、ぼんやりながめた記憶があった。あおいう演技がこれほど苦しい練習の上に実った果実だったとは。奥野の演技が生きるよう、できるだけのことをしようと栃尾は素直に思った。しかし、そこからがイバラの道だった。

音楽をかけ、泳ぐ奥野に石崎と井村が振り付けていく。

「こんなん、あかんわ！」

「ちがう、ちがう！」

音楽がおかしいと、井村の大声が飛んでくる。作り直せと、遠慮なく求めてきた。ちがう、と言われても大沢も栃尾も初めてのことで、どこがどうちがうのかわからない。持ち帰ってやり直し、再びプールへ持参する。

「ここ、全然よくないです」

別の箇所で、また井村が大声を張り上げる。もう少し言い方があるだろうに、と思うようなストレートな物言いだ。仕方なく、また持ち帰ってやり直す。次に持っていくと、振り付けを変えるから音楽も変えてほしいと言い出した。この期に及んでそんなことを言うのかと、栃尾はあきれ、腹を立てた。

「CM音楽をやっているとスポンサーの意向で何度もやり直すことがあります。おかげで相当粘り強く、打たれ強くなりました。そのぼくが頭にきたんですからね」

栃尾は苦笑する。

編集や編曲のすべてをコンピューターに委ねることがまだ一般的ではなかったころだ。やり直しには新たに一曲作るほどの手間と時間がかかった。どんな事情があろうと井村に「それならこの辺で」という妥協はない。納得できるまでやり直しを要求された。栃尾が

「もう降りる」と言い出すたびに、大沢がなだめて引き戻す。そんなことが幾度か繰り返された。

誰も見たことのない作品を作るため、井村は燃えたぎるような情熱で奥野と向き合っていた。

「ふれると火を噴きそうな先生を見ていると、私も負けないぞという気持ちがむくむくとわいてくる。いつかきっと、先生にありがとうと言わせてみせる、その一心です。まるで先生と戦っているような毎日でした」

井村が頭に描く像をなんとか音に変えようと、大沢はもがき、苦しみながら、手探りをした。選手の呼吸に合わせると、音楽的にはおかしなところで切れる。工夫を重ねて、ひと山越える。そういう作業の連続だ。一方、大沢や栃尾が何かを提案すると、井村は真摯に耳を傾け、すぐに試みた。その謙虚な態度があったから大沢たちは現場にとどまった。

少しずつ要領がわかってくると、難題に立ち向かって解決する達成感を味わった。

「井村先生も私も関西人。観客を驚かせてやろうとか、目立ってなんぼ、とかのサービス精神があるんです」

大沢は茶目っ気たっぷりに言う。

音楽を変え、振り付けを変える。振り付けを変えると、音楽も変える。場面ごとに細かく修正を重ねながら「夜叉の舞」の楽曲を仕上げていった。

石崎は奥野に、演じる若い女性に名前をつけて、自分の中で育てるようにとアドバイスした。奥野は夜叉に変身する娘に「ちよ」と名付けて卵を抱くようにあたためた。羞恥心はいつしか消え去り、奥野の方から「もっとこうしたい」と進んでアイディアを出してくる。

石崎は、審判員の席からだけでなく三百六十度、どこから見ても美しく見ごたえのある演技にしようと、背中の表情や動きにこだわって振り付けた。観客に「すてき」と思わせる背中。「おお、怖い」と感じさせる背中。ＯＳＫで男役をしていた経験が存分に生かされた。奥野の動きは泳ぐたびに冴え、シャープになった。

「背中の筋肉の一つひとつが私にしゃべりかけてくるようでした」

石崎はしんみりと思い出す。

奥野史子が「夜叉の舞」を初めて日本選手権で披露したとき、日本水泳連盟シンクロ委員会では賛否の嵐が吹き荒れた。「これこそが新しいシンクロ」という賛成派が半数いた一方で、「こんなものは見たことがない。世界に受け入れられない」と大反対する委員たちが半分もいた。

「見たことがない」という理由で反対されて、井村はむしろ「わが意を得たり」と膝を打ちたいくらいだった。誰も見たことがない作品を生み出すことこそ井村の願いだったのだから。

一九九四年六月二十四日。

水泳世界選手権シンクロナイズドスイミング、ソロの決勝が行われるローマの空は高く澄んでいた。

夜叉、といっても日本以外の人々にはわからない。井村はあらかじめテーマのストーリーを英文で書いたポストカードを、審判員や各国のコーチ、観客らに配っておいた。奥野史子選手は最後に登場した。切れ長の目をいっそう強調する黒いアイライン。まぶたには赤いアイシャドー、手の爪には赤いマニキュアを施した。水着は井村が奥野のために奮発した一着百万円近くする特注品だ。

小鳥のさえずりに乗って演技が始まった。最初の見せ場の高い飛び出しが見事に決まる。やさしい乙女が夜叉のごとく変身し、葛藤を乗り越えて輝きを増す。物語の進行に沿って琴、笛、鼓などが穏やかに、ときに切迫したように、からみながら打ち鳴らされる。

奥野の演技が始まってほどなく、観客席がざわつき出した。技が決まると拍手がわき、歓声が上がった。特に目を引いたのが夜叉の手の演技である。これまでならバレエダンサーのように、腕が少しでも長く見えるよう手の甲を爪先まで伸ばして美しくそらせ、ポーズをとった。奥野の両手の指は、鬼や獣が爪を立てて襲いかかるように恐ろし気に曲げられている。その手が何度も水中に没し、水面ににょきりと現れる。

観客からは大きな拍手が起きた。手拍子も起きた。まるで奥野と観客が一体となって物語を進めているかのようだった。演技の最終盤は、拍手に音楽がかき消されて聞こえない。終わると観客全員が立ち上がってスタンディングオベーションで奥野をねぎらった。点数の発表を待つ間も拍手がやまなかった。

技術点で七人の審判員中六人が9・9、一人だけが9・8を出した。観客席からは大きなブーイングが起きた。もっと出していいはずだという不満の声だ。芸術点は審判員全員が10点満点をつけた。ソロ史上初のオール10点だ。奥野は思わず両手で顔を覆って泣いた。それまでの日本人最上位である銀メダルを手にした瞬間だった。

観客席で応援していた大沢みずほの背中が鳥肌立った。会場を警備していたガードマンがわざわざ近づいてきて、「ジャパン、ナンバーワン」と何度も繰り返した。

表彰式では、優勝した米国の選手より、二位だった奥野の方が大きな拍手で称えられた。

日本に帰ってまもなく、大沢宛にカードが届いた。井村からだった。

大沢さま
シンクロ界の人たちをあっと言わせ、世界の人々に感動を与えたすてきな曲をありがとうございました。
井村

次は奥野を必ず世界一に。

井村は新しい作品の楽曲のデモテープを用意して、奥野に構想を語って聞かせた。奥野が腰痛の悪化を理由に引退を表明したのは翌日のことだ。まだ二十二歳。井村の落胆ぶりは見ていられないほどだった。

音楽に導かれて

アトランタ五輪を終えて、井村がいったんヘッドコーチを退任するまで、大沢みずほは日本代表選手のために十四曲を書いた。とくに忘れがたいのが「夜叉の舞」「ＨＯＰＥ（希望）」「空手」の三曲だという。

「夜叉の舞」が新しいシンクロへの扉を開いたことで、井村は一九九六年のアトランタオリンピックの曲も大沢のオリジナルで、と考えた。

「日本の雅《みやび》をテーマに曲を作ってほしい」

井村からそんな依頼が来たのは、大沢がまだ阪神・淡路大震災の被災から立ち直れないでいるときだ。

一九九五年一月十七日の夜明け前に起きた阪神・淡路大震災で、兵庫県西宮市にあった大沢の実家が半壊した。大沢は夫と死別したのち、息子を連れて実家に戻り、両親とともに暮らしていた。

夫はスキルス性のがんになり、三十八歳の若さであっという間に世を去った。当時みずほは三十三歳。六歳になったばかりの一人息子が残された。プロの作曲家として活動を始めていたとはいえ、親子二人、食べていけなかった。迎え入れてくれた両親のもとで、必死に働いた。その一家を震災が打ちのめした。

「先生、できません。雅やなんて、いまの私にはとても考えられません」

尻込みする大沢に、井村は問いかけた。

「いま、どんな気持ちでいるの？」

親子四人で暮らす実家をなんとか建て直したい。壊れた町も復興したい。悲しみの底にあっても希望は捨てていない。大沢は素直に思いを吐き出した。

「それなら希望という曲を書いて。あなたの気持ちをそのまま曲にして。あなたならできる」

背中を押されて大沢は久方ぶりにピアノのふたを開けた。とにかく美しいメロディーがほしかった。ピアノを弾きながら作曲し、パソコンで編集する。その作業を繰り返していると、体の芯から力がわいた。いつまでも泣き暮らしてはいられない。ピアノに向かうと少しずつ気力が戻ってくるのを感じることができた。

曲の冒頭には井村の提案で、「ちゃっきり節」の一部を取り込んだ。「ちゃっきり節」は多忙で元気な日常生活の象徴だ。それが壊され、人々は悲嘆にくれる。そして、悲しみの中から希望を抱いて立ち上がる。庶民のたくましいイメージをわかりやすく伝える音楽ができた。

「ＨＯＰＥ」はアトランタで行われたプレ五輪で観客の喝采を浴び、日本は三位で予選を通過した。

「あのとき断っていたら、いまの私はなかったでしょう。苦しい状況の中で作曲に取り組んだことで、私自身も癒され、立ち直ることができました」

「空手」は二〇〇〇年のシドニー五輪で日本チームが演じたテクニカルルーティンの作品だ。

日本と聞いて、オーストラリアの人々が真っ先に思い浮かべるものは何だろう。作品づくりにあたって、井村も大沢も、知人らを通じてその調査から開始した。開催国ごとに、風土や国民性がちがっている。芸術を愛するフランスやイタリアでは深く味わうようなテーマや音楽が好まれる。スポーツが大好きなアメリカやオーストラリアなら明るく元気に盛り上がるものがうける。採点競技は開催地の観客を味方につけることが欠かせない。そのための事前のリサーチだ。

意外なことに、シドニーには空手の道場がいくつもあって、どこも盛況だと教えられた。「夜叉の舞」でシンクロに高い芸術性を持ち込んだ井村は、シドニー五輪ではスポーツシンクロの魅力を前面に打ち出して戦おうともくろんでいた。

「夜叉の舞」以来、各国とも一斉に芸術性を追求し始めた。なかでもバレエ芸術やクラシック音楽を血とし肉として育つロシアチームは、高度な芸術性を押し出してきた。なるほど選手たちの動きは確かに美しかったが、後半になると明らかにばてているのがわかった。丈夫で長持ち。日本は対極をいこうと決めていた。そのため、選手の体づくりに一年をかけた。

スピードスケートの清水宏保選手やプロ野球、工藤公康投手のトレーナーとして活躍していた筑波大学助教授、白木仁に選手の筋肉づくりを依頼した。

スピンしながら水に沈んでいく足が、竜巻のようなきれいな水紋を生むように。見た目が丸く美しいだけでなく、乳酸がたまっても最後までがんばり抜ける強さもほしい。

白木のトレーニングのおかげで選手たちの足は円柱に近づき、上半身は見事な逆三角形に整った。それまででいちばん体が大きい日本チームが出来上がった。

空手は、スポーツであることを強く打ち出すシンクロのテーマにもってこいだ。空手の形《かた》は、選手全員で道場に通って道着を身に着け、有段者に教えを乞うた。「もどきはあかん。失礼や」。井村は常に本物から学ぶ。

音楽を担当する大沢への注文は、「ベタな方がええ」。マニアックな一握りの人に感心されるような曲ではなく、わかりやすさを柱にすえる。大沢の頭の中で尺八や琴、太鼓、鈴がにぎやかにメロディーを奏で始めた。力強さを出すために、ここはドラムでいくのがいい。このあたりでチュルチュルチュルチュルと音が入れば効果的だ。そうだ！　初めに選手たちの声で気合を入れよう。

黒を基調にした水着には、勢いのある筆書きで「空手」の文字。

準備は万端、整った。

迎えた五輪の本番で、仰天するようなことが起きた。ロシアがデュエットで「空手」をぶつけてきたのだ。水着には漢字で「空手」の文字まで書いてある。五輪の予選で日本は「空手」の演技を披露した。ロシアはそれを、まねたのだ。王者としての恥も外聞もなく。

「ロシアにまねされるとは。私らも大したもんや」

選手たちを前に、井村は笑い飛ばした。

「シンクロを変えてきたのは日本です。井村先生が次にどんな手でくるか。ロシアはほんとうに怖かったんでしょうね」

大沢は言った。

チーム競技の決勝で、日本がいよいよ「空手」を泳ぐ。

八人の選手がそろって日本式のおじぎをした瞬間に、その場の空気が八人のものになった。飛び込む前の陸上動作は空手道、伝統の形だ。「やっ」「やっ」「やっ」と、小気味よいかけ声が響く。笛や鈴の音の間に「やっ」「おっ」の短いかけ声が入って、八人の足がピタッとそろう。「やあーっ」「おっ」で演技が終わると、歓声と拍手が鳴りやまなかった。

ロシアをかつてないほど追いつめ、金に手をかけたかと思われた銀メダルだった。

一九九六年アトランタ、二〇〇〇年シドニー、二〇〇四年アテネと、大沢みずほは三度続けてオリンピックのための曲を提供している。

五輪開催の前の年になると、大沢の頭の中ではシンクロの音楽が渦巻き、鳴り響く。どの楽器を使おうか。どんな曲想に仕上げようか。

朝起きてから床に就くまで素材探しのアンテナを高く張って過ごす。

楽曲に仏教の声明《しょうみょう》を採り入れるため、井村や選手たちと一緒に高野山まで出かけたことがあった。真言宗の経文に旋律をつけて唱える声明は、大勢の僧侶たちの声が重なり合って波紋のように広がる迫力があった。「高野山声明の会」の協力を得て何種類かを唱えてもらい、録音して持ち帰った。

阿波おどりの音楽と動きを見るため徳島に飛んだこともある。

井村との間では、作った曲をはさんで毎回、シビアなやり取りがある。それでも、声をかけてもらえることがうれしくて、ピアノとパソコンの前でもがき続けた。

「苦しい努力がメダルという形で報われる。井村先生は選手同様、私も育ててくれました」

大沢の中に潜んでいた作曲の力に気づいて引き出したのは亡き夫である。

「彼が生きていたら、作曲家になどなっていません。あと二人ほど子どもを生んで、ふつうのお母さんをしてたでしょう」

夫は妻に、生きがいと生活の糧を残して旅立った。

一曲仕上がるごとに、大沢は自作の曲を携え、井村と連れ立って古くからの知り合い勝《かつ》井《い》征三《せいぞう》の自宅を訪れた。勝井自慢のオーディオ装置がお目当てだ。

小学五年生で大病を患い、得意な体育を封じられた勝井少年は、大好きな音楽にのめり込んだ。なかでもクラシック音楽を愛する勝井は、高校生のころから小遣いを貯めては足しげくコンサートに通い詰めた。レコードやCDが自宅に積みあがった。事業を起こし、社長となって軌道に乗せてからは、特別あつらえのオーディオ機器を自宅に備え付けた。しばし仕事を忘れて、お気に入りのCDを聴くのが活力のもととなっている。

大沢は勝井の素晴らしいオーディオでシンクロのために作った曲を聴く。どちらかといえば口が重い勝井が、ぽろっともらす感想を、大沢も井村も楽しみにしていた。

「音楽と選手の呼吸が合ってないと、見てる方も苦しいね」

「水の中やから、もうちょっとメリハリがあった方がええのとちがう?」

勝井は井村と初めて会ったとき、まっすぐこちらに視線を合わせて話す態度に好感を持った。歯に衣着せぬ、きっぱりとした話し方も小気味よかった。出会いからわずかな時間で波長が合うのを感じて心地よかった。

勝井は大阪で廃棄物の焼却を専門とする「株式会社プランテック」を経営している。

会社を興したのは一九六七年、高度成長の負の側面、公害問題が社会の関心を集め始めたころだった。その当時、ゴミなどの廃棄物は、プラスチックや化学物質が混じっていようと野焼き同然の方法で処理されていた。勝井は創意と工夫でダイオキシン除去率が九十九・九パーセントという高性能の焼却炉や、あらゆる医療廃棄物を安全に燃やし尽くす焼却炉を生み出した。プランテックの技術のほとんどは、勝井自身が開発したものだ。特許も勝井が社内でいちばん数多く持っている。経営者であるだけでなく、技術開発の先頭に立ち続けてきた。

「人の何倍も失敗を重ね、自分の目と頭と経験で生み出したものばかり」

訥々《とつとつ》と勝井は話す。

井村が中国代表チームのヘッドコーチに就任すると聞いたときは、勝井はもろ手を挙げて賛成したわけではない。しかし、世の中のバッシングには心からの憤りを感じずにはいられなかった。

最も国際化が進んでいるはずのスポーツ界から井村をかばい、応援する声がなかなか出て来ない。それがもどかしかった。自分の経験に照らしても、日本はまだ鎖国状態から抜け切れていないのだと思い知らされた。あるいは、海外から招かれる女性の指導者がいなかったから反発が大きかったのだろうか。

勝井は、毎年の誕生日を会社の会議室で友人たちに囲まれて祝っているが、井村へのバッシングが強かった年は、自分なりのやり方で井村にエールを贈った。テレビ朝日の番組「報道ステーション」で、ディレクターの宮嶋泰子《みやじまやすこ》が制作した井村に関する特集をわざわざDVDに録画して大きな画面で招待客に見せた。井村が中国へ行った真意をわかってもらいたかったのだ。

社長を退き、会長となった勝井は、八十歳を超えたいまも開発の現場に立ち続けている。

常に新しいものに挑戦してきた井村も自分も、保守的で巨大なシステムとしばしばぶつかり、有形無形の圧力を受けた。それを「なにくそ」と跳ね返しながら、ここまできた。分野はちがっていても二人は同じような道を歩いている。そう思うとそれだけで心を許せる気がしてくる。

井村も、なにかと勝井を頼りにしている。

二〇〇二年のある日、一本のビデオを携え、勝井征三の自宅を訪れた。

二〇〇一年、福岡で開かれた水泳世界選手権で立花美哉と武田美保のデュエットがロシアを退け金メダルに輝いた。日本のシンクロ史上、初めての金である。ところが翌年のワールドカップ、スイス・チューリッヒ大会でロシアにあっさり優勝を奪い返されてしまった。

井村は考え込んだ。猛り立つライオン、コミカルなサル、優雅な鳥などを表現した日本の演技「ワイルド・アニマル」。私のこだわりは自己満足にすぎないのだろうか。気づかないうちに一般の人からは遠い穴に入り込んでしまっているんじゃないだろうか。

勝井の意見が聞きたかった。

ワールドカップでのロシアの演技のビデオを見終えた勝井は「『白鳥の湖』か……」と言ったなり腕組みをして黙り込んだ。ロシアにとっては自国の生んだ音楽が世界の最高峰だ。チャイコフスキーは勝井が最も好きな作曲家の一人でもある。ロシア音楽に対抗するには、オリジナルの曲で勝負するという井村の考えはよくわかる。もっともなことだった。しかし、と勝井は口にした。

「そんなにオリジナルにこだわらんでもええのとちがう？　クラシックの名曲は、最初のワンフレーズで国境を越えて聴き手の気持ちをつかむ。あとは勝手に盛り上げてくれるよ」

ウィーン・フィルハーモニー管弦楽団のニューイヤーコンサートを聴くために、毎年ウィーンに足を運んでいる勝井らしい感想だった。井村はふっと肩の力が抜けた。

そうして生まれたのが二〇〇三年、世界選手権バルセロナ大会の立花・武田組のデュエット「風とヴァイオリン」だ。井村はこの作品でフランスの新進振付家、ステファン・メルモンと組んで「止まらないシンクロ」に挑戦した。

シンクロの泳ぎは、キレよく見せるためにピッピッと足や動作を止めてメリハリをつけるのが一般的だ。そこをあえて止めずに流れるように演技する。ステファンは、水だけでなく水面上の空気までも動かすような、繊細で美しい振り付けを考えた。二人の選手の動きを合わせるのは井村の得意技だ。

「これまでで最高」と井村が絶賛した水着は、背中がヴァイオリンの形にくりぬかれている。

曲は久々に既成のクラシックから選んだ。「ティラリ〜ン」と響く出だしの一節で誰もがわかるバッハの「トッカータとフーガニ短調」。それに「ヒューッ」「ゴーッ」という風の音を入れた。立花選手と武田選手は、風になりたかったヴァイオリンと、ヴァイオリンになりたかった風を流れるように、戯《たわむ》れ合うように見事に演じ切った。

ロシアに敗れて二位とわかったとたん、日本の新聞記者が井村のもとに飛んで来て、「見ているうちに涙が流れた。どうしてこれが二位なのか」と息巻いた。

「負けたけれどミヤとタケの演技はほんとうに上手だった」

いまでも大好きな、忘れがたいルーティンだと井村は言う。芸術性の高い作品に挑んだことで、わかったこともある。大きな大会では、しっとりと味わうような作品は受けないということだ。

「多くの人はエネルギーを全開するといい気持ちになれる。みんな、ふだんの生活の中で詰まったものを持っているんやと思う。人間本来の力が発揮できてないんやね」

井村はさらりと深いことを言った。

友に贈るパネトーネ

井村雅代の周りには、縁あって出会い、人生をシンクロさせることになった人たちがいる。

大阪・天満橋でベーカリー「パトリエ・フクモリ」を営む福盛幸一《ふくもりこういち》は、毎年、クリスマスが近づくと楽しみにしていることがある。友人たちのために自らの手でパネトーネ（果物の砂糖漬けや干しぶどうなどを入れたパン菓子）を焼いて贈るのだ。その数、八十個。

井村雅代もその一人である。中国代表チームのヘッドコーチをしていたときは、北京の宿舎まで送り届けた。

知り合ったきっかけを話すと、みんなが驚き、そして笑う。

出会いはこんなふうに始まった。ある朝、福盛は大量のパンを持って新大阪から東京に向かう新幹線に乗り込んだ。発車間際に、一人の中年女性があわただしく駆け込んできた。左隣の席に座るやいなや、ゴソゴソと袋からパンを取り出した。朝の早い列車に乗るため、朝食を食べずに来たのだろう。女性はパンを一口二口食べただけで、さっさと袋にしまい込んだ。見るからにまずそうなパンだった。

「ぼくのパン、食いませんか？」

声をかけると意外にも、「ありがとう」と笑顔が返ってきた。福盛はジャムもクリームも入っていないプレーンなコッペパンを差し出した。女性はさっそく、おいしそうに食べた。

「これ、おいしいわ。もう少しもらってもいい？」

なんちゅうオバチャンや。福盛は、内心驚き、愉快になった。見ず知らずの者からパンを差し出されると、ほとんどの人はためらうものだ。なのに、遠慮なく食べたばかりか、もう少しほしいとねだる。聞けば京都で連れが二人、乗ってくるので食べさせたいという。

なにしろ苦労を重ねて開発した自慢の米粉のパンだ。福盛としても一人でも多くの人に味わってもらえるのはありがたかった。パンは当時の総理、小泉純一郎のもとに届ける予定のものだった。いくつか取り出し、名刺とともに女性に手渡した。翌日、新幹線の女性からパンのお礼メールが送られてきた。

井村雅代、とあった。それが誰か、福盛にはわからなかった。

フランスでパン作りの修業をした福盛が、米粉のパンに挑んだのは農林水産省からの強い働きかけがあったからだ。米離れになんとか歯止めをかけたい国が、米でパンを、と思いついた。

のちに事務次官に上り詰める石原葵《いしはらまもる》の熱意にほだされる形で、福盛は米粉のパンの開発に取り組むことになった。水はどれほど入れるのか。米粉の粒の大きさはどうか。試行錯誤の連続だった。問題点を一つひとつ解決し、半年後にはどうにか満足のいく米粉のパンが完成を見た。

米粉のパンの普及を国の政策にするには、米で作ったパンやロールケーキがおいしいものだと、誰よりもまず、小泉総理の認識を変える必要があった。東京へ足しげく通うはめになった。

新幹線で井村と偶然、隣り合わせたのは、たびたび上京していたさなかのことだ。そのまま忘れて何か月も過ぎた。

ある日、テレビを見ていると、見覚えのある新幹線の女性が出演しているではないか。あとから乗り込んできた二人の若い女性も一緒だった。アテネオリンピックで銀メダルを取ったシンクロナイズドスイミングの有名なコーチと選手だと初めて知った。それなら開発中のプロテイン入りパンを、選手のみんなに食べてもらったらどうだろう。

福盛は思い立った。パン生地にプロテインを練り込んで栄養価の高いパンを作る。それは特別の用途にも、あるいは超高齢社会の求めにも役立つはずだ。そう考えて開発に取り組み、試作を繰り返して、ようやく福盛も満足のいくパンが焼きあがった。

パンを選手に提供したいという福盛の申し出を、井村はありがたく受けた。練習は毎回、長時間に及ぶ。一日の練習が終わると選手の体重は二キロほども減少する。練習を始めて四時間経つと、まず脂肪が減って浮かなくなる。栄養を補給しなければ、浮くために多くのエネルギーが費やされ、本来の練習ができなくなる。選手らは手軽なバランス栄養食や高カロリーのゼリーなどで補っているが、おいしいパンなら楽しみながら栄養補給ができる。

届けられた二種類のプロテイン入りパンを食べて、井村は後日、率直な感想を言った。

「一つは重量感があって、食べると満足度が高い。もう一つはフワフワして食感がいいけど、飲み物と一緒でないと食べにくい」

お世辞が混じらない感想は、気持ちがよかった。

さらに改良を重ねて、時折、パンを差し入れた。そのたびに選手たちからは、必ず丁重な礼状が届く。井村はそういう礼儀を大切にする。井村との親交が深まると、福盛は心に決めた。この人とはビジネスの付き合いではなくほんとうの友だちになろう。

福盛幸一は製パン業界でその名を知られたカリスマだ。パリでパンの神さま、国立フランス製粉学校校長であるレイモン・カルベルから直接、手ほどきを受けた。

多くのパン職人を育て、弟子たちが腕をあげると独立を促してきた。天才と呼ばれながら自身の店は増やさず、広げず、業界団体の長などにも就いたことがない。還暦になっても頭の中を新しいパンの開発でいっぱいにして、一匹狼の職人を貫いている。そんなところは井村とそっくりだ。

「井村さんも僕も、誰にも媚びない生き方が同じだね。だから敵が多いところもね」

追っかけ

アイドルに熱烈なファンがいるように、井村雅代にも「追っかけ」がいる。

「死ぬまで先生の大ファンでいたい」

健康アドバイザーで、「サンエリア」という会社を経営している大《おお》ぞの千恵子《ちえこ》は、はばかることなく宣言している。

長い間、テレビ画面の向こうに見るあこがれの人だった。

体の小さい日本人をメダルに導く指導者としての実力と覇気は群を抜いている。井村を特集する番組があれば録画してでも必ず見た。雑誌の記事を読み、著書が出版されれば自分が読むだけでなく、大量に買い込んで友だちにも配った。井村の言葉が生み出すエネルギーで、いつも元気になれた。

知り合いの作曲家、大沢みずほが井村の依頼でシンクロの音楽を作っていると聞いたときは、飛び上がりたいほどだった。

「紹介して、と、おおげさではなく何十回も頼みました」

けれども、井村にはなかなか会えなかった。「忙しい先生だから恐れ多い」と、大沢が引き合わせるのをためらっていたからだ。

機会がついに来た。二〇〇〇年のシドニー五輪で日本が銀メダルを取ったあと、大そのは、作曲家の大沢をねぎらう慰労会を催した。その席に、井村も招いたのだ。

初対面のときのことは、あまりよく覚えていない。

「たぶん、私は、あがっておどおどしっぱなしだったと思う」

大そのは、少し面映ゆそうにそう言った。

知り合ってから日を置かず、井村シンクロクラブの練習を見に行った。ふだんの練習でも少しも手をゆるめない。鬼気迫る本気の姿に心をつかまれた。それからは、国内で大会が開かれるたびに応援に駆け付けた。追っかけの始まりである。

毎年春に行われる日本選手権大会は、予選から決勝まで、日程すべてを通しで見続けた。いい泳ぎをしたときは、水しぶきが立っている。うまくいかなかったときは、しぶきもだらしなく寝ているかのようだ。大そのにも少しずつ競技の妙味がわかるようになり、シンクロそのものを好きになった。

知り合って三年ほどすると、井村から食事会などに声をかけてもらえるようになった。行く先々に、出没していたからだろう。親しく言葉を交わしてみると、年齢が近いせいか、うなずき合えることも多かった。

大ぞのは、時折、学校に呼ばれて食育の出前講座を行っていた。それを知った井村の頼みで、井村シンクロクラブの選手や親たち、コーチらを対象にした食育講座を受け持つことになった。

理由はこうだ。あるとき井村はジュニアクラスに通って来ている女の子の弁当をのぞいて驚いた。弁当箱にはサラミソーセージとおかきだけが詰められていた。一人前のシンクロ選手になるには、長くきびしい練習に耐える体力づくりが基礎になる。日々の食事で栄養価のある食べ物をバランスよく、しっかり食べることが欠かせない。サラミとおかきの弁当からは、家庭の食卓が透けて見えた。食べ物に無頓着な若い親が少しずつ増えているのが、井村の気がかりになっていた。

どのような食べ物を、どう調理して、どのくらい食べればいいか、大ぞのは手作りのプリントを用意して、わかりやすく具体的に説明した。必ず摂らねばならない夜食は、胃や腸に負担をかけないものがいい。スープごはんや温野菜サラダなど、手間をかけずに作れる献立と調理法を紹介した。

大ぞのは、自分の仕事上の知識が井村の役に立つことがうれしかった。

「何をすれば先生の応援になるか。いつもそれを考えています」

大ぞのは真顔でそう言う。

年に二、三回は井村の講演会を企画して、自らチケットをさばく。なにより井村の力のある言葉を一人でも多くの人に届けたい。井村個人やシンクロという競技のファンを増やしたいからだ。井村シンクロクラブが独自の教育方針を持っていることがわかると、大ぞのは、それにも深く共感した。

他都市で開催される試合の応援は、泊りがけになることが少なくない。選手や親たちと長い時間を一緒に過ごして、気づいたことがある。先頭でかいがいしく立ち働いているのはトップ選手の母親たちだ。ひと足早く試合会場に行き、応援団のための席を取り、応援用のうちわなどを準備する。宿に帰って、いちばん後でお風呂に入るのもトップ選手の母親たちだ。

それとなく見ていると、他のクラブは様子がちがう。強い選手の親たちは、ほかの父母から気遣われ、なにかと世話を焼かれている。だが、井村シンクロクラブでは、選手の序列を親たちの間に持ち込むことを許さない。

「立派なのは子どもで、親ではない。そこをまちがえないで」と、井村は事あるごとに親たちに言う。

ほかにもユニークな方針がある。試合に出かけるときは、コーチの弁当を交代で作ることが決まりになっている。ただし子どもと同じ中身の弁当だ。コーチらは、親が愛情をこめて作った弁当を食べることで、大切な子どもを預かっているのだと気を引き締める。と同時に日ごろの子どもの食生活の一端を知ることができる。

親たち一人ひとりからのお中元やお歳暮は一切禁止。受け取るのは保護者会から贈られる一品だけだ。大会時の菓子などの差し入れも一切禁止。親たちの競い合いと負担を避ける、クラブ設立当初からのルールである。

「見方によっては古めかしいやり方だと思うかもしれません。でも、先生は子どもだけでなく親も一緒に育てているのです」

どのようなスポーツもファンがいないと成り立たない。しかし、ファンは気まぐれだ。勝つとにわかにファンを名乗るが、負けると去っていく。

「いいときも悪いときも、ファンであり続けるのがほんとうのファン」

大ぞのは言う。

井村を追っかけていった北京五輪の会場で、中国寄りの席に座った大ぞのは、あたりかまわず大声をあげて井村を応援した。四年後のロンドンへも、むろん、追いかけていった。同じように声を張り上げ、井村を応援した。

大ぞの千恵子は子どものころ喘息に悩まされ、体を動かすことが大好きなのに、できなかった。大人になると、食に関する仕事に就いて、日々の食生活に気を配るようになった。甘いケーキや菓子などはなるべく口にせず、ゆでた枝豆や、炒り大豆をおやつ代わりに食べた。

年を重ねるほどに、健康になっていく実感があった。相当な距離であっても出かけるときは自転車を愛用し、五十代で本格的に習い始めた水泳は、マスターズ大会でメダルを取るまでに上達した。還暦を迎えたというのにトライアスロンにも挑戦した。元気な中年のお手本のような暮らしぶりだった。

それは二〇一五年二月のある日に起きた。プールで泳いでいると、左腕が突然、重たくなった。回そうとしても、思うように動かない。大ぞの泳ぐ姿が急におかしくなったことに気づいた監視員が、あわてて救急車を呼んだ。小脳の、細い血管が破れて起きた脳出血だ。左手と左足にマヒが残った。

食べ物に注意し、よく運動をして、睡眠もきちんととった。なにより明るく、積極的に生きてきた。

どんな心がけでいようと、ときに理不尽なことが降りかかるのが人生だ。

転院が可能になると、迷わず島田永和が運営する病院に移ってリハビリを開始した。入院や後遺症のことは、誰にも知らせなかった。食と健康に関する仕事をしている自分が倒れたという現実に、気持ちの整理がつかなかった。

リハビリを始めて一週間がたつかたたない寒い日の午後だった。いきなり病室の扉をガラッと音高く開けて、井村雅代が入って来た。

「こらっ！　なに寝てんねん。ぼーっとしてたらあかんやろ」

第一声がそれだった。倒れたときの様子や、なぜ倒れたかについては一切聞かなかった。

言ってもせん無いことは振り返らない。話題にしたのは今後のリハビリだけだ。

病室の空気をガラッと変えて、「また来るわ」と帰って行った。その言葉の通り、しばらくして井村はまた病院にやって来た。リハビリ室でリハビリに汗を流していると、井村の大声が響き渡った。

「それはゆるい。もっとガッガッガッとしてもらいなさい」

その年の夏には、ロシア・カザンでの世界選手権が控えていた。日本のメダルがかかる重要な大会だ。そんな中でも、井村は大阪に帰ってくるたび病院に顔を出した。

「消灯時刻やからって、みんなと一緒に寝たらあかんで。そこからがリハビリの自主練習や」

井村の見舞いに、どれほど力づけられ、前向きになれたことだろう。何があっても、人は生きねばならない。

「体が不自由になっても心のスイッチまでは壊れませんでした。これからはこの体を見せびらかして生きることにします。子どもたちの前には立てなくても、病気に苦しむ人や障害のある人に語りかけることはできる。まだまだやれることはあるはずです」

大ぞのは、病床にあるときに二つの井村雅代の講演会を企画した。

退院したいまは、リハビリに励む一方で、仕事にも復帰し、週一回の水泳も再開した。

「リハビリは楽しい」

始めて一年もたたないうちに、杖なしで歩けるようになった。整形外科医の島田が驚くほどの回復ぶりだ。井村の「追っかけ」に戻れる日も、そう遠くない。

大阪の南森町カイロプラクティックセンター院長の井上達矢《いのうえたつや》は、手技では知る人ぞ知る存在だ。

美声で知られる、ある有名な女性歌手は、大阪での公演の前か後かに必ず井上の手で首の深層部のケアを受ける。患者の中にはロックグループやタカラジェンヌたちもいる。来日公演で大阪に来るたび、楽屋に井上を招いてケアをしてもらう海外のアーティストたちも少なくない。

シンクロ選手の治療を始めたのは大阪で治療院を開いて二年目、二十七歳のときだった。井村シンクロクラブに所属し、シドニー五輪の日本代表に選ばれた選手が体の深部にある筋肉をほぐすため、定期的に通ってきた。そのうち、井村シンクロの他の選手も来院するようになった。トップ選手の立花美哉と武田美保もその中にいた。そんなこともあり、井上はシンクロという競技についてもっと学ぼうと、練習を見に行った。そこでコーチの井村雅代と知り合った。

陸上のスポーツで使う筋肉は、表面にあるので治療の術も施しやすいが、シンクロの選手がよく使う筋肉は大腰筋、腸腰筋など、体の奥深くに潜んでいて、外からなかなか触れない。それを指や手の感触だけでほぐしていく。

カイロプラクティックは米国が発祥の地だ。ＷＨＯ（世界保健機関）は、筋骨格系統の障害を扱う専門職と位置づけている。資格として法制化しているのは欧米を中心に四十か国あまり。日本では、公的資格と認める法律がなく、民間療法の一種とみなされている。

井上がカイロプラクティックの道に踏み込んだのは、けがでバレーボールができなくなったのが理由である。井上の父親は九人制バレーの実業団選手だった。父親に夢を託され、小学六年生で本格的にバレーボールを始めた。このときすでに身長が百七十センチになっていた。中学校は親元を離れて、バレーボールの強豪校にバレー留学をした。きびしいことで知られたコーチは、練習中に容赦なく部員に手を上げた。

練習のつらさと、殴られるつらさ。けがの治療のために、ときどき通っていた鍼灸院の院長が、二つのつらさを包み込むような技で和らげてくれた。

バレーボールをあきらめる日は、思いがけなく早く来た。バレーの名門、大阪商業大学付属高校から大商大へ。猛スピードでボールを追いかけていて、体育館の壁に激突したのだ。膝の半月板が砕けて、バレーを続けることができなくなった。アタッカーとして期待され始めた矢先のことだった。

小学生からバレー一筋できた。

〝ぼくからバレーを取ったら何もない……〟

失意の中で、しきりに思い出されたのは中学生のころに体も心も癒してくれた鍼灸院のことである。

スポーツ選手として生きることがかなわないなら、選手らをケアし、支える仕事に就こう。そう決めると一年生の秋にあっさり大学を中退し、翌年の春、専門学校に入学した。針やカイロプラクティックなどの手技を一通り学んだころに、米・ワシントンで開かれたカイロプラクティックのイベントとワークショップに参加した。この治療法を専門にしようと、その場で気持ちが固まった。専門学校の副学長が営む治療院でインターンとして働きながら修業を重ね、独立を果たしてほどなく井村シンクロクラブとの付き合いが始まった。井上のもとを訪れる井村シンクロクラブの選手らが口々に言った。

「私らよりもっと、ほぐしてもらわなあかん人がいてはります」

井村のことだ。治療ベッドの上の井村の体に触れて、井上は驚いた。

「石のように硬い、という例えがあるけど、肩甲骨の回りや肩が、ほんまに石のようでした」

腰痛もあった。硬いプールサイドに長時間、立ち続けるコーチの仕事の過酷さを、井村の体が物語っていた。通常なら一時間もあればほぐれる半身の筋肉を、二時間半かけて、丁寧に緩めていった。

一度の治療で済まず、続けて三回。それでようやく井村は「楽になった」と笑顔を見せた。

シドニー五輪を控えた二〇〇〇年四月、井上は日本代表チームのトレーナーとして国内強化合宿に呼び寄せられた。長時間の練習が終わったあとで、九人の選手一人ひとりのケアをする。全員の治療を終えると深夜一時を回る。井村は毎日、起きて待っていた。一人ひとりの症状を詳しく聞き取り、次の日の練習に生かすためだ。寝るのは午前三時ごろ。それでも翌朝九時にはプールサイドに立っている。

代表チームに五か月、帯同したことで、選手の実力以上のものを引き出す井村の指導を間近にした。

一度だけ、こっぴどく叱られたことがある。シドニー五輪の翌年のことだ。立花選手と武田選手の治療の予約を緊急に取りたいと、井村から直接、電話があった。あいにく、すでに予約でいっぱいだった。

それを聞いた井村は激怒し、こう言い放って電話を切った。

「もうええ。井上さんの代わりはいくらでもいてる」

井上は深く傷ついた。しかし、この一件で、人を育てることの大切さを教えられた。

患者に責任を持ちたいからと、それまで自分一人で治療を引き受けてきた。だが、一人でできることには限界がある。せっかく頼りにされたのに治療ができなかった。多くの患者の願いに応えるためには、同じ志と技を持った弟子を育てなければいけないと気づくことができた。

この出来事があってからも、井村と何度も顔を合わせて、わだかまりなく付き合ってきた。アテネ五輪にも呼ばれて付き添った。ある日、井村が真面目な顔で井上に切り出した。

「あのときは、ほんまに悪かった。井上さんの代わりは誰にもできない」

「出来事」から五年が過ぎていた。仲よくやっているのだから、知らぬ顔のままでいることもできたはずだ。しかし、井村は潔く謝った。自らが言った言葉が自分の中でもトゲのように刺さっていたのだろうか。

井上は弟子たちにタオルのたたみ方や器具類の扱い方について「丁寧に」と、やかましく言う。箸の上げ下ろしにもうるさい井村の影響だ。

まだまだいる。

お好み焼きや、たこ焼きなど大阪名物「粉もん」の店を全国展開している「たこ八」の社長、曾根光庸《そねこうよう》は、「子どもたちの成長を長く応援したいから」と、二〇一五年四月から毎月一定額を井村シンクロクラブに寄付し続けている。

和菓子の「茜丸」会長、茜太郎《あかねたろう》は、合宿中の選手たちに折にふれては大量のどら焼きを届けて喜ばれているし、水泳のパーソナルトレーナー、鳥羽大輔《とばだいすけ》は井村シンクロクラブの選手の泳力強化にボランティアで一役買っている。みんな、いつのまにか井村のパワーに巻き込まれて気が付くと応援団の一員になっていた。

最強の応援団

井村雅代と出会い、人生が予期せぬものとなった人たちの中でも極め付けはこの人ではないだろうか。夫の井村健二である。

結婚を決めたときは、妻がやがて「世界のイムラ」と呼ばれるようになるなど、思ってもみなかったにちがいない。どちらも中学校の体育教師として共働きを続けながら、やりがいのある、けれども平凡な人生を歩むはずだった。

結婚して、いったんはシンクロから身を引いた雅代を引き戻したのは浜寺水練学校だ。日本選手権でライバルの東京シンクロクラブに立て続けに負け、井村の指導力を求めてきた。もともとシンクロが大好きで、気持ちが動いた雅代に、「やったらええやん」と後押ししたのは健二である。おかげで最も近くで水しぶきをかぶり、くるくる回る水流に巻き込まれることになった。

健二は大阪市立中学校八校に勤務し、三十七年間にわたる教職を全うした。教師生活に終止符を打ったのは二〇〇七年春のことである。

真面目で、労を惜しまぬ教師だった。朝早くに学校に来て、まず体育倉庫を掃除する。ボールはボールでまとめて片付け、高跳びのスタンドも、取り出しやすいようにきちんと列をそろえて並べておく。備品の修理が必要になると、すぐに業者に頼むのではなく、技術科の同僚に教えてもらって自分で直した。とかく子どもたちは「おもしろくない」と体力づくりの基礎基本となる運動を避けたがるため、体育への興味をなくさずコツコツ努力を続けられるよう、あれこれ手立てを考えた。

教師になって二十年が過ぎるころ、健二の身にちょっとした変化があった。三校目となる勤務先で、体育専任から障害児が学ぶ養護学級（現・特別支援学級）の担任へと転身した。養護学級の担当教師が辞めたあと、後任がなかなか決まらないのを知って、健二が手を挙げたのだ。

前任校でも、その前の学校でも、養護学級の生徒たちは普通学級の生徒らに混じって体育の授業を受けていた。基本から始めて少しずつレベルアップさせる過程は変わらない。難聴の生徒にはマイクを使って話しかけた。こちらの指示を確実に伝えるにはどうするか。生徒の思いをきちんと受け止めるにはどんなやり方がいいか。一人ひとりの障害に合わせて工夫をすれば、問題なく乗り切れた。

「自分にできることが何かある。何かせなあかん、と思ったんですわ」

専門外の分野だったので、研修の機会がある度、積極的に受けた。

強面《こわもて》の健二の風貌は、いかにもとっつきにくい。教師も生徒も戸惑いながら向き合ううちに、生徒の方から健二を慕って周りに寄ってくるようになった。

授業と同じくらい情熱をそそいできたのがクラブ活動の指導である。

体育教師の本領を発揮し、運動はどれも得意だが、中でも好きなのが剣道だ。若いころに五段を取った。剣道部があれば剣道部を、ない学校ではバドミントン部の顧問を買って出た。剣道の右足の踏み込みが、バドミントンにも通じることに気づいた健二は、独自の練習パターンを編み出してバドミントン部を一気に強くした。

「剣道流バドミントン」の成功は、同僚教師たちを驚かせた。剣道部とバドミントン部。二つのクラブを掛け持ちで指導したこともあった。

健二の手元に、おびただしい数の手作りのクラブ通信が残されている。

通信を出し始めたのは大阪市立白鷺《しらさぎ》中学校で剣道部の顧問をしていたときだ。父親の一人から「クラブに熱心なのはけっこうですが、勉強時間がなくならないようお願いします」と皮肉交じりの注文をつけられた。剣道をやったからといって、成績が上がるわけではない。しかし、何かに一生懸命、取り組むことで、他のことも集中してできるようになるものだ。健二はそれを経験で知っていた。

子どもたちが毎日どんなことをしているか、親たちに知ってもらいたかった。

世にも珍しいクラブ活動の通信「白鷺剣道」は、一九八八年六月十二日に創刊号が発行された。B４判の用紙に健二の手書きで一字一字、丁寧に記されている。子どもたちの興味を引くよう、雑誌などから切り貼りしたカットも添えられた。

創刊号は、剣道春季大会の結果や今後の予定、健二の思いをつづった「心」と題するコラムなどが掲載されている。

「剣道は剣の理法の修練による人間形成の道です。お箸を持つように竹刀を持ちなさい。毎朝顔を洗い食事するように剣道の練習をしなさい。しんどい時は、さらに大きな声を出しなさい。さぼりたいナーと思った時は、そんな自分にハッパをかけなさい。しんどい練習ではなく、しんどくなるまでやりなさい。そこでがんばるのだ。」（「心」より）

続けてこんな一文も。

「(剣道は)ただしんどいだけではおもしろくありません。そこで私達は勝つことの喜びを知らせたいのです。しかし勝つことはたやすいことではありません。私の女房はシンクロのコーチをしています。今はソウルのオリンピックに向けてメダル獲得の為、強化合宿等でがんばっています」(同)

通信は月に二、三回のペースで学校を変わっても出し続けた。剣道にせよ、バドミントンにせよ、練習はしんどくてつらいものだ。だが、耐えて勝利をつかんだとき、つらさは吹っ飛び、達成感で満たされる。

「練習で足場を一つひとつ固めながら、子どもたちの気持ちが離れないよう通信を出し続けましたね」

通信を読んでいて驚くのは、健二が自宅にクラブの生徒たち十数人を招いて、たびたびバーベキューや焼き肉パーティーを開いていることだ。

試合の後は、親たちも一緒になって海辺や公園で焼き肉を楽しんだ。大みそかの夜は、学校の体育館で年越し稽古に汗を流した。除夜の鐘を聞きながら、父母らを交えて年越しそばを食べた思い出もある。焼き肉パーティーなどでは料理上手の健二の腕が遺憾なく発揮された。スポーツを通じた教師と生徒、親たちの濃密な交わりは、いまでは考えられないことである。

「もちろん、子どもたちを家に呼ぶことは校長には一言も言うてませんよ。言うたら許可はもらえませんもんね」

強面の健二が頬をゆるめて、ウフフと笑った。

きちんと綴じられたクラブ通信を一枚一枚めくると、ビスケットの粉がはらはらと落ちる。

学校を辞めて十年近く経ったいまでも、教え子たちが誘い合って子どもを連れて遊びに来る。みな三十代になった。きびしかった練習。楽しかった焼き肉。思い出話は尽きることがない。決まって取り出されるのがクラブ通信の束だ。ビスケットの粉の手触りに、父となり母となった生徒たちが、幼いわが子も一緒に額を集めて通信をのぞき込む像が浮かび上がる。

雅代が世界で勝負をかける傍らで、健二は地に足を着けて教師の日常を生きてきた。


夫婦は子どもに恵まれなかった。

「三十歳くらいのときに、無性にほしくなったことがあってね、でも、できませんでした。子どもなんて、ほしいと思ってできないのが案外いいかもしれへんよ、と姉たちが慰めてくれました」

雅代は淡々と話す。

シンクロナイズドスイミングの国際大会が増えるにつれて、雅代が家を空ける回数は増え、期間も長くなっている。淋しさを別にすれば、健二はとくに困らない。もともと家事が苦にならないからだ。料理は魚をさばいて寿司まで握る腕前だ。家の整理整頓も学校でしてきたことの延長にある。雅代が夕食の支度をしたり、遠足の弁当を作ったりしたのは新婚時代のごく短い期間だけだ。以来ずっと、健二が夕食を作ってきた。

どんなに逆風が吹いたときでも、雅代が愚痴をこぼすのを聞いたことがない。

「とにかく負けず嫌い。責任が重ければ重いほどファイトがわくんやね。行く手に障害物があれば、どけるんやなしに、踏みつぶしていく」

長年、妻をそばで見守ってきた夫が描く人物評だ。

が、たまに疲れた顔で帰ってきて、「ごはんいらん。のど、通りそうもない」などと言うことがある。

「図太いけれど繊細なところもあるから、体、もつんかなと心配になる」

そんなとき、健二は心配を素直に口にし、いたわりの言葉をかけることができない質《たち》だ。とても不器用に生きている。

二十年前、選手の親たちと一緒にアトランタ五輪の応援に出かけたときに、「奥さんのかばん持ちか」と言われて心外な思いをしたことがある。選手たちとは別行動や、と意地を張った時期もあったが、雅代や選手を応援したい気持ちの方が強かった。

雅代やシンクロが取り上げられたテレビ番組はすべて録画し、保存している。その数二百本は下らない。新聞記事の切り抜きも怠りなく続けている。雅代の方は、「終わったことや」と見ようともしないけれど。

井村雅代の日本代表復帰を誰より喜んだのは健二だろう。二〇一五年夏の世界選手権は、録画ミスのないよう、手持ちのビデオ四台をフル稼働させながら深夜のテレビにかじりついた。

日本代表チームの点数を見たとき、誰もいない家で思わず「やった!」と叫んでいた。健二は自宅の庭でたくさんの草花を育てている。三段にずらりと並べたプランターは二百八十個。水仙やハマユウ、夏には朝顔が群れて咲く。

「主人は私に、かけがえのない自由というものをくれました」

妻の帰りがどんなに遅く、留守がちでも、黙って支える夫がいるから井村雅代は心置きなく世界に羽ばたくことができるのだ。

第七章

リオ〜東京

飛んできた矢

井村雅代が再び日本代表のヘッドコーチに就くまでの道のりは、決して平坦なものではなかった。

このままではリオデジャネイロ五輪にチームで出場できなくなるのではないか。しかも、二〇二〇年には五十六年ぶりに東京でオリンピックが開かれる――。誰より強い危機感を抱いたのは、北京五輪が終わるまで十年あまりにわたって日本水泳連盟シンクロ委員長を務めた金子正子である。

井村と組んで国際大会でメダルを取り続けてきた。シンクロ委員長に就任すると、日本選手権をジャパンオープンとして海外に開き、アジア地域でも講習を重ねてシンクロの普及に力を注いだ。それらの功績が評価され、二〇一五年六月に国際水泳殿堂入りを果たしている。

中学生になった井村が大阪でシンクロを始めたのと同じころ、高校二年生だった金子はテレビで偶然見かけたシンクロがしたくてＹＷＣＡの門をたたいた。翌年の春、東京シンクロクラブが発足すると、その一期生となった。

水泳が大好きで、バレエやピアノも習っていた金子は、すぐにシンクロに夢中になった。井村とは日本選手権などの大会で、選手として何度も顔を合わせた。井村がデュエットでは優勝できず二番手に甘んじていたように、金子もまた、なかなか一番にはなれなかった。

優秀な先輩がそろって引退した後、否応なく後輩を引っ張る立場に立たされたのも同じなら、若くしてコーチとしての能力を開花させたところも似通っている。

伊豆・修善寺にある日本サイクルスポーツセンターのプールで長期合宿を行うときは、宿舎の六畳の部屋の真ん中に小さなちゃぶ台を置いて、そっちがあなた、こっちが私、と共同生活をした。殺風景な部屋に鉢植えの花を一鉢買って、二人で育てながら練習に明け暮れた。けんかも、しょっちゅうだった。

選手たちを連れて米国遠征をしたときは、口惜しさばかりを味わった。決勝にも残れない。米国の選手たちに比べると、日本選手の体は貧弱で、そろって膝が曲がっている。

「あなたたちにできるようなスポーツじゃない」

行く先々でそう笑われているようで、つらかった。

「でも、私も井村さんに負けないくらい勝気でした。今に見ていろ。短い手足でも必ずオリンピックでメダルを取ってやる。ずっとそう思っていましたから」

金子は語る。

東に金子が代表をつとめる東京シンクロクラブ。西には井村雅代が率いる井村シンクロクラブ。どちらからも優れた選手が多数出た。東西の有力クラブが互いに競い合い、切磋琢磨することで、日本のシンクロを強くしてきたという自負があった。

ロンドン五輪で日本チームの演技や選手の様子を見て、金子は「私たちが目指してきたものとまるでちがう」と落胆した。

試合に至るまでの強化の方法もちがえば、選手からはメダルを取ろうという気迫も感じられなかった。才能ある選手が目標を見失った代表チームに失望して辞めてしまうようなことも起きた。

「いま立ち直らなければ永遠にそのチャンスを失ってしまう。どうしても井村さんに戻ってもらおうと思いました。口幅ったい言い方ですが、井村さんも私も家庭を犠牲にしてやってきた。日本が崩れていくのを黙って見ていることはできませんでした」

ロンドン五輪後、井村は乞われて英国へ渡り、翌年の世界選手権に出るソロとデュエットを指導した。期間を区切って海外へ出向くことを繰り返すのは、井村個人にとってもいいことのように思えなかった。

エースの乾友紀子選手は、井村の指導を受けたいと、別のクラブから移り、滋賀県にある自宅から二時間の道のりもいとわず井村シンクロクラブに通っている。井村もほんとうは乾のような選手を自分の手で存分に教えたいのではないか。金子は、井村の本心を確かめた。

「日本に戻って教えたい」

答えには迷いがなかった。

井村をコーチに迎える環境が整っていたわけではない。毎年秋には全日本チームの選手選考会に先立って、それまでに活躍した選手と、新たに課題を通過した選手ら二十人が集まって行う合宿がある。東京シンクロクラブや井村シンクロクラブのほか、各地の有力クラブから選ばれた選手が上京し、選手の所属クラブのコーチたちも参加する。井村も乾選手らを連れてやってくる。

井村の合宿参加はよいきっかけだ。金子は機会をうかがいながら日本水泳連盟幹部に直談判をした。

「井村さんを戻して強化を図っていきたい。日本をもう一度強くするにはそれしかありません」

幹部は首を縦に振らなかった。水泳連盟元会長、古橋廣之進が井村の中国行にことのほか立腹し、亡くなるまで許さなかったからというのが理由だった。

古橋といえば、日本が敗戦に打ちひしがれていたころ、公認されなかったとはいえ自由形で世界記録を連発して国民を元気づけた。希望の象徴のような存在だった。

一九四九年、日本が国際水泳連盟への復帰を許されると、ロサンゼルスで開かれた全米選手権に招かれ、四百メートル、八百メートル、千五百メートルと三種目の自由形で世界記録を打ち立て、「フジヤマのトビウオ」と称された英雄である。現役を引退してからも内外の競技団体の要職を歴任し、長年にわたって日本水泳界の発展に貢献した。競泳をする者にとっては神様にも等しい人物だ。

だが、金子も必死だった。

「私は井村さんより六つ年上です。私の方が先に別の世界に行くことになるでしょう。自分が動ける間に日本が強さを取り戻す道筋を、どうしてもつけておきたかったのです」

連盟には、日本シンクロの黄金期を築いた金子・井村コンビを復活させて強化を図るべきだという声がほかからも届いていた。金子は粘り強く何度も幹部を説得し、ついに「金子さんと井村さん、二人一緒なら」と、井村の復帰を認める発言を引き出した。


金子正子と井村雅代。二人の付き合いは半世紀にも及ぶ。

メディアは、しばしば二人を「女の戦い」という構図で描きたがった。水泳連盟の男性たちも「ぼくは金子派」「俺は井村だ」と、二人を対立する派閥の領袖《りょうしゅう》になぞらえたりした。

「全然、わかってない」

力説するのはテレビ朝日スポーツ局スポーツコメンテーター（現・一般社団法人カルティベータ代表理事）、宮嶋泰子だ。

一九七七年にテレビ朝日に入社して間もなく、望んだわけではないのにスポーツ担当になった。テレビ朝日がシンクロ日本選手権の放送権を持っていたため、実況を担当することになったのだ。女性アナウンサーのスポーツ実況は、ほとんど例がなかったころである。

男性の先輩たちが「女性が股を開いているのを見て、なんと解説すればいいか……」などと話すのを聞いて、「シンクロをスポーツとしてきちんと伝えねば」と心に決めた。

競技規則や専門用語を一から学んだ。シンクロが正式種目になったロス五輪以来、すべての五輪や世界選手権を取材し続け、「ニュースステーション」や「報道ステーション」で数えきれないほどの番組を制作してきた。シンクロ取材歴三十余年。メディア関係者の中で誰よりシンクロに精通している宮嶋が言う。

「井村さんのいちばんの理解者はおそらく金子さんです」

現場での指導に徹する井村に対し、金子は水泳連盟幹部や日本オリンピック委員会幹部らと円滑な関係を築いて予算を引き出し、強化の環境などを整えてきた。

「映画作りに例えると監督が井村さんで、プロデューサーは金子さん。立場も性格も違うけど、井村さんと金子さんは二人で一人。セットで日本を強くしてきた。どんなに反発してもお互いを認め合っているはずです」

こうして井村は再び日本選手の前に立つことになった。

一通の書面がシンクロ委員会に届いたのはその矢先のことだ。

「井村コーチが選手に体罰をしたらしいと聞いた。放置できない問題なので調査をしてほしい」

書面には、そのような内容が記されていた。

練習では一切の妥協をしない指導の方法や、思ったこと、感じたことをそのまま口にする井村の人柄を快く思わない者もいた。シンクロ界あげて復帰を歓迎していたわけではない。井村を射る矢が身内から放たれた。体罰を誰かが直接、目撃したわけではない。側聞《そくぶん》に基づく訴えだった。だが、水泳連盟は臨時委員会を開いてこの問題を取り上げた。

二〇一三年は、年明け早々からスポーツ界に巣くう暴力や体罰問題に揺れていた。柔道の十五名の女子選手らが、当時の日本代表監督の暴力や暴言によって心身ともに深い傷を負ったと告発に踏み切ったのだ。前年の暮れには大阪市立高校のバスケットボール部主将の男子生徒が自殺した。事実関係を調べていた市の外部監察チームが「顧問の男性教師による暴力が生徒を自殺に追い込む一因になった」と認定する出来事もあった。

ともすれば叩かれた側も容認しがちなスポーツ指導の場面での体罰が、社会の大きな関心を集めて議論を巻き起こしていた。暴力根絶の気運が高まる中で、側聞とはいえ、通報を無視することはできなかったのだろう、弁護士による井村や選手たちへの聞き取りが始まった。

井村には、まったく身に覚えのないことだった。

「やっていません」

潔白を主張した。しかし、かつてはオリンピック選手に対して叩いたことがあると、著書『愛があるなら叱りなさい』（二〇〇四年、幻冬舎文庫）の中で正直に明かしている。

「手を出すことがいいとは決して思いませんが」と断ったうえで、言葉を尽くして注意しても直そうとせず、しかもなぜ叩かれたか相手がその理由をわかっている場合だけ手を出した。選手の力をもっと引き出したいコーチと、自分の技術をさらにレベルアップしたいと願う選手。二人の間の真の意味での真剣勝負だったと記している。

「なんの意味もなく通りすがりにパーンと叩くようなコーチは最低で、絶対に許せません」（同著）とも。

当時、井村が指導していたのはなかなか手強い選手たちだった。精神的にも強く、「なにくそ」とばかり井村のきびしい指導についてきた。誰かがへまをすると、「あんたのこが悪かったからや」と、面と向かってチームメイトを批判した。コーチである井村に対しても、指導方針に不満があると食ってかかってきて言い争いになることがあった。

いま、井村が向き合っている選手たちは、十年前までの選手たちとはまるでちがう。久しぶりに日本代表を教えることになって、いちばん驚いたのは日本の若者の変貌ぶりだ。まるで異星人の群れに放り込まれたようだった。

かつて井村が指導した選手たちは、コーチに叱られまいと、自分たちで率先して欠点を克服する練習に取り組んだ。現在、見ている選手たちは、どういうわけか、なかなか本気のスイッチが入らない。考えてみれば無理もない。彼女らが代表に選ばれたのは日本がメダルから遠ざかったあとなのだから。

終わったら立ち上がれないほどの練習をしていない。悔しくて泣き明かしたことがない。人目もはばからずに喜んだという経験もない。

「そんな若者に愛のムチは通じません」

しかし、皮肉にもこの体罰事件が井村の代表復帰を後押しする結果になった。水泳連盟の調査に応じた選手十四人全員が体罰を否定し、「きびしいけれど井村先生に教えてもらいたい」と、それぞれの言葉で訴えたのだ。連盟幹部は、聞き取りを通じて井村に代わる指導者はいないと結論付けた。

ヘッドコーチへの正式な就任要請となったのは、告発からほどなくのことだ。

師弟

「シンクロって、きれい」

母親の言葉に導かれてシンクロナイズドスイミングの世界に入って半世紀。リオデジャネイロ五輪にコーチ人生を賭ける井村雅代の傍らに、かつての愛弟子、立花美哉が寄り添っている。

三度の五輪に出場して五つのメダルを取った。国際水泳殿堂入りもしている名選手が、今度は日本代表チームを率いるコーチの一人として初めて五輪に臨もうとしている。

立花もまた、母、綾子の手によってシンクロと出合うことになった。

何か一つ打ち込めるものを、と綾子は二人の娘たちにさまざまな習い事をさせた。クラシックバレエ、ピアノ、社交ダンス……。次女の美哉はどれも長続きしなかったのに、スイミングスクールだけは嫌がらなかった。そのころ美哉が通っていた京都踏水会には週に一度、井村がシンクロの指導に訪れていた。ある日、見学席から井村の指導を何気なく見た綾子の体を「電流が貫いた」。

「どうしてもこの先生に教えてもらいたい」

唐突にそう思ったと、綾子は出会いの不思議を語る。

井村雅代の名前と、コーチとしてオリンピックに行ったことくらいは知っていたが、人柄も詳しい実績も何も知らなかった。髪を後ろできりりとまとめ、長身で背筋の伸びた綾子は、冷静でハンサムウーマンという形容がぴったりくるような女性である。そんな綾子が矢も楯もたまらず井村に手紙を書いた。「娘を託せるのは井村先生のほかにない」と、一方的な思いをこめた。

井村から届いたのは断りの返事であった。

「一年後も同じ気持ちかどうか、よく考えてみてください」

熱に浮かされた綾子を諌《いさ》めるような内容だった。しかし、綾子はあきらめなかった。美哉にシンクロコースに入るように勧め、日が経つのを指折りながら一年を待った。小学四年生でシンクロを始めた美哉は、「最初からおもしろくて、はまりました」と話す。

かっきり一年後、綾子は再び井村に手紙を書いた。六年生になるのを待って、美哉は踏水会から井村シンクロクラブに移籍し、晴れて井村の弟子となった。小学生の美哉を、井村は印象深く記憶に刻んだ。体育館座りをすると、膝小僧であごが隠れた。やせて、ひょろひょろだったが、膝から下が長い、美しい足を持っていた。

京都の端っこから井村の教える堺市のプールまで。電車に乗っている間だけでも片道二時間かかる。中学二年生になるころ、一家は比叡山の中腹にある住宅地に引っ越した。練習プールまでの所要時間は電車だけで片道三時間に増えた。

練習がないのは週に一日だけだ。毎日、母親が作る弁当を二つ持って登校した。授業の前にまず一つを食べる。昼食時に一つ。放課後、母親の車で最寄り駅に向かう間におにぎりを食べた。練習を終えて帰宅するのは夜の十一時過ぎ。それから晩ごはんを食べて風呂に入り、ようやく一日が終わる。授業中に引きずり込まれるように眠ってしまうこともあった。

高校二年生で日本代表チームのメンバーに選ばれると、以後は井村に怒鳴られ通しの日々が待っていた。

「人間って、すごいなと思うんです。怒鳴られるのにも慣れてくる。もちろん慣れたらだめなんですけど、慣れてくる。最近の井村先生は丸くなりました。昔は、どんなに怖かったか」

美哉は物静かで内気な子どもだった。「お手々を膝に置いて座っていなさい」と言われると、何時間でもそうしているような子だった、と綾子は明かす。

一九九三年、スイス・ローザンヌで開かれたFINAワールドカップに初めてデュエットで出たとき、メダルを取ることができなかった。他国には実力で太刀打ちできない優れた選手がそろっていたからだ。

試合が終わるとシンクロ委員長やコーチらがずらりと居並ぶ部屋に呼び出され、二時間以上、全員からかわるがわる責められた。

「負けたのは、あんたのせいや」

えっ、私……。井村の言葉に頭が真っ白になった。

レベルの低さはもとより自覚していた。しかし、一生懸命やって、まちがいもミスもしなかった。何をどうすればいいかわからず、ただ泣きじゃくるだけだった。

自分が足を引っ張っている。自分はここにいていいのだろうか。

心に深手を負っても、なぜか練習は休まなかった。どうすればうまくなれるのか、悩み抜いた。

しかし、デュエットの相手が変わり、奥野史子と組んだことが転機になった。

奥野は殺気を感じるほどの負けん気と集中力を見せつけた。立花は必死でついていくだけだ。立花ができないと奥野は露骨に嫌な顔をした。相手は日本一の選手である。そんな選手を自分ができるようになるまで待たせるわけにはいかない。人より一時間早く来て、人より一時間遅くまで残って黙々と練習をした。

「鍛えられました。技術だけでなく精神も。井村先生と奥野さんが目指すレベルの高さを知り、そこに到達する方法を学ばせてもらった。立ち直れたのは、あのきびしい時期があったから」

立花は、自分の中にも負けん気というものが潜んでいることをこのとき知った。

どんなにつらくてもシンクロから離れなかった理由を立花はこう話す。

「自分を変えられることです。私もシンクロをすることで性格が百八十度変わった。観客も審判員も人間です。人が何を求めているか、人間について掘り下げて考えるようになりました。自分が変わることには葛藤もあるけど、変わることを楽しめるようになりましたね」

奥野史子が引退したあとは、同じ井村シンクロクラブ所属の武田美保と組んで、日本シンクロの長い黄金期を築き上げた。武田は呑み込みの早い天才肌で、指示されたことがすぐにできる。一方、不器用な立花は技術の習得に時間がかかった。しかし、ひたむきに練習を積み、求められたことは必ずできるようになって井村の前に現れる。いったん身に付けた技術は容易に忘れない。

「私はミヤに、待つ、ということを教えられました。それまでの私は待てなかった。待ってやれば大輪の花を咲かせる子もいるんやね」

井村は自分に言い聞かせるように、しみじみと言った。

一九九六年アトランタ五輪を皮切りに、二〇〇四年アテネ五輪で引退するまで、二人は日本のエースとして国際大会で活躍し、毎年メダルを取り続けた。

二〇〇一年、福岡で開かれた世界選手権では、初めてロボットのようなコミカルな動きを取り入れた「パントマイム」で会場を沸かせ、世界の頂点に立った。審判員の四人が芸術点で10点をつけた、記憶に残る演技である。ロボット風の振り付けは、その後、ロシアをはじめとして各国のチームが競って演技に取り入れた。

井村とちがって立花は、まっしぐらにコーチの道を歩んだわけではない。

引退してから一年は、社会人として与えられる仕事はなんでもこなした。デサントの広報課に勤務しながらテレビのスポーツ番組のレポーター、子どもたちへのシンクロ指導、頼まれれば原稿も書いた。しかし、ただ忙しいだけで、自分が何をしたいのかはわからなかった。

振り返ってみれば、シンクロだけの人生だった。試合で味わうただ事ではない緊張感と達成感。それに代わるものを一般社会でみつけることは困難だ。本気で現役復帰を考えながら悶々と過ごしていたとき、井村に勧められたアメリカ留学で指導者として生きる覚悟が定まった。

北京五輪で日本チームがメダルを逃すと、留学期間を切り上げて日本に戻り、井村シンクロクラブのコーチとなって、低迷する日本シンクロの将来に痛みと焦りを感じながら、日本代表チームに送り出せる選手の育成に邁進した。

子どもたちを教えるのも大好きな立花の発案で、二〇〇五年から毎年のように夏休みに「はじめてシンクロ」（株式会社スポーツビズ主催、三基商事協賛）を開いている。シンクロなどしたことがない小学生が三十人から四十人ほど集まって、二泊三日の合宿をする。その間にシンクロの演技を完成させて三日目に発表する、という催しだ。

シンクロの裾野を広げることが目的ではない。しんどい思いをしてでもがんばることのよさ、その先にあるものを、子どもたちに味わってもらいたいからだ。井村も力を入れており、中国で指導していたときも「はじめてシンクロ」のためにわざわざ帰国した。年に一度、この三日間だけは水着になってプールへ入る。

初日は参加者の泳力に応じて、グループ分けをする。

二日目には一グループに一人のコーチがついて、音楽に合わせてそれぞれ振り付けていく。使う音楽はその年によって、子どもたちの間で人気の高い曲が選ばれる。「崖の上のポニョ」「マル・マル・モリ・モリ!」「ようかい体操第一」……。子どもたちは食事とトイレ以外、終日、プールに浸かりっぱなしで過ごす。

三日目の午後は、いよいよ発表だ。付き添ってきた父母たちは、子どもたちが練習している間に別の部屋で井村に教育の話を聞いたり、食育講座を受けたりする別行動だ。わが子の成長ぶりは、発表会で初めて目にすることになる。発表会の前に井村は父母らに呼びかける。

「ビデオカメラを回さず、自身の目でわが子の姿をしっかり見てやってくださいね」

初日に泣きべそをかいていた子が、仲間と力を合わせることを学んで、発表会では友だちの肩の上で誇らしげに胸を張る。

五年ほど前の「はじめてシンクロ」ではこんなことが起きた。

その年は男の子の参加者が六人いたので男子チームを作ることができた。晴れの発表会で、締めくくりを飾るリフトに失敗して全員が無残に水中に崩れ落ちた。土台で支えていた男の子が「もう一回やりたい」とつぶやくのを井村は聞き逃さなかった。初日、「シンクロなんか興味ない」と、いかにもやる気のない態度を見せていた少年である。

井村はすかさず男子チームに近づき、「このままでは終われないよな」と話しかけた。

リフトのトップをつとめた男児も「ぼくもやりたい」と言い出した。

「どうすればいい？　見てる人にお願いしてみたらどう？」

井村が助け舟を出すと、土台役の男児がマイクをつかんで客席に向かって叫ぶように言った。

「もう一回、やらせてください！」

客席の父母からは大きな拍手が贈られた。

六人は、そろって入場するところからやり直し、見違えるような演技を見せた。


四十代を迎えた立花（宮川）美哉は、結婚して一女の母親となった。

長年デュエットのパートナーとして共に活躍した武田美保は、経済産業省の官僚から、のちに三重県知事となった鈴木《すずき》英敬《えいけい》と結婚した。政治家の妻であり、二人の子どもを育てる母親でもある多忙な日々を過ごしているが、地元でシンクロのジュニアチームの指導をしている。

「私に力がついて、水が流れるように、いつか日本代表チームにかかわれたらいいな」

かつてそう語っていた立花は、いま、恩師である井村と並んで代表チームを指導するコーチとなった。

立花が何より井村に敬服するのは描くビジョンがはっきりしていて、そこに到達するためには何でもすることだ。そして必ずたどり着く。

「私は先生と同じことをしようとは思いません。もちろん、井村先生がどこを見ているのか、何を見ているのか、そばでとことん研究します。でも私には私のやり方がある。だから先生ともぶつかるんです」

井村も、立花が指導者として成長するのを楽しみにする。

「これからの日本のシンクロは立花なくしてはやっていけません。あの子に足りないものは経験でしょう。試合の現場で臨機応変に押したり引いたりはまだできない。それに指導ぶりは私よりもよっぽどきついですよ。どこまでも冷静に追い詰めていきますから」

育て、よき人よ

夜が更けると、国立スポーツ科学センター地下一階にあるプールサイドに、いい匂いが漂い始める。

選手たちはストレッチをしたり、マッサージ器に足を入れたりしながら、ホットプレートの上の、チーズを乗せたパンやお餅がこんがりと焼けるのを待っている。その日の練習で失った体重を取り戻すため、一人三つはぺろりと平らげる。シンクロ日本代表選手たちが強化の聖地で夜な夜な繰り広げる「お餅パーティー」は、苦しい練習を束の間、忘れさせてくれる憩いのひとときだ。井村雅代も笑顔で雑談の輪に入って過ごす。

「0・053点を忘れるな」

そう書かれたホワイトボードが選手たちを威嚇するようにプールサイドに据えられている。リオ五輪出場権をかけた三月の予選会で、日本はライバル、ウクライナにこの僅差で一位通過の座を奪われたのだ。日本のヘッドコーチに復帰して以来、井村は怒鳴るだけでなく選手に伝えたい言葉をその都度、ホワイトボードに書きつけてきた。

「練習はうそをつかない」

「自分の可能性を信じよ」

「毎日、一ミリの努力をしよう」

垂直跳びで四十センチ跳べる人に対して、三か月後に五十センチ跳びなさいと要求するのはいかにもハードルが高い。けれども、明日は四十センチと一ミリ跳ぼう。その次の日はさらに一ミリ高く。あきらめさえしなければ三か月後に必ず十センチ高く跳べるから。

ホワイトボードを背に、井村は知る限りの言葉を駆使して異星人のような若い選手たちを鼓舞し続けている。

リオ五輪への出場を決めるとすぐに、予選会で泳いだルーティンを作り変えた。音楽や振り付けを大幅に変え、難易度も格段に上げた。泳ぎのスピードを一段と速くし、ジャンプやリフトも逆立ちのまま飛ばしたり、空中で二回転半したりと、足の長い欧米チームとはちがう発想で勝負をかける。チームのフリールーティン「天照大神」では水着も変える。屋外のプールは太陽光線が強い。本物の太陽に負けない強い印象をもたらす水着を製作中だ。まるで新作に挑むようにあれこれ変更するのには理由がある。

「今の子は辛抱強くない。私らみたいに地味な辛抱ができないんですよ」

井村は言った。

予選会では不運が重なり、テクニカルルーティンの点数がウクライナより低かった。しかし、井村の見立てによれば、演技そのものは日本がまちがいなく優《まさ》っていた。1点以上の差をつけて一位になっていてもよかったのだ。これまでの井村なら予選会の演技の精度と同調性を「これでもか」というほど上げて、技術でロシアを脅かそうとしたはずだ。けれども、その考えは封印した。

「敗戦から立ち上がってきた日本人は、ある時期まで根っこのところで踏ん張れる力がありました。今の子たちにはそれがない。新たな目標を作ってやらないと、やる気をなくしてしまうんです」

予選通過という目標には、そのための演技。五輪でメダルを取るには、それにふさわしい新しいルーティンを用意する。次々に異なる目標を掲げて意欲を掻き立て、危機感をあおり、選手を追い込んでいく。そうしなければ持てる力を発揮できないのが今の若者だ。

しばらく考え込んでいた井村が言い添えた。

「スマホなんかの影響もあるかもしれないね。一つのアプリを自分なりに使いこなす前に次々に新しいアプリが与えられる。常に新しいもの、新しいものへと気持ちが移る」

現在、井村の頭を占める最大の課題は選手たちの身長の差をどう克服するかだ。

ウクライナはジャンプを受け持つフライヤーの選手が百六十八センチとやや小柄だが、あとは百七十七センチと百七十八センチでまとまっている。

一方、日本は百六十センチから百七十六センチと、その差は十六センチに及ぶ。当然、足の長さもちがう。てんでばらばらな足の長さを、同じだと審判員や観客に錯覚させるのが井村の腕の見せ所である。一番足の長い選手に合わせて、ほかの選手の足にもそれぞれ印をつける。小さい選手は大きい選手より足が短い分だけ余計に水面高く体を持ち上げる練習に励んでいる。

デュエットのペア、乾友紀子・三井梨紗子のためのフリールーティンも完成に近づいている。

井村が作曲家、大沢みずほに求めた新曲は「天気予報を洋楽で」。

「お天気は嵐、晴れ、とわかりやすい。緩急のはっきりしたものをやろうと思う」と井村は打ち明ける。外のプールを意識して、エネルギーを見せつけるのだ。

京都国立博物館で俵屋宗達《たわらやそうたつ》の「風神雷神図」を見ていた大沢みずほは、その場で曲のイメージがひらめいた。下界に風雨をもたらす風神も、雷を起こす雷神も、いかにも楽しそうに天空を舞っているように見えたからだ。曲のテーマは「風姿雷伝」で、世阿弥《ぜあみ》の「風姿花伝」をもじってつけた。デュエットの二人は、ピアノとオーケストラによる、きらびやかな楽曲に乗って泳ぐ。四月二十九日から五月一日まで東京辰巳国際水泳場で開かれる「ジャパンオープン2016」で初めて新しい演技が観客に披露される。

ほめれば油断し、叱るとぺしゃんこになる「ゆるキャラ軍団」を相手に、井村の奮闘が続いている。

井村の放つ一言ひとことが選手の体をするりとすり抜け、グサッと受け止められたという実感が持てないでいる。

「思ったことを言いなさい、ほんまのことを言いなさい、といくら言っても私にぶつかってこない。当たってこないんです」

そこへいくと中国の選手は「ぼんぼん」向かってきたし、勝ちたいという気持ちもむきだしだったから井村にはおもしろかった。本音でぶつかり合うことで、関係も深まった。日本の選手たちとは、まだそのような境地には到らない。

けれども、少しずつ変化の兆しも見えてきた。

求められたジャンプができず、悔し涙を流すフライヤーの選手の姿に、「おお、ええ感じになってきた」と井村は密かにほくそ笑んだ。

オリンピックという特別な舞台で戦う醍醐味を彼女たちにも味わわせたいと、叱る声にも力がこもる。

四月のある日、合宿中の井村のもとに、胸が締め付けられるようなニュースが飛び込んできた。

男子バドミントンの有力選手二人が違法カジノ店で賭博に手を染めていたことが明るみ

に出た。世界ランキング二位で、リオ五輪でメダルを期待されていた桃田賢斗《ももたけんと》選手が試合の無期限出場停止処分を受けて、オリンピックに出られなくなったのだ。

井村は胸に手をやり、つらそうな表情をした。

「ジョックでした。一日中、ここが痛かった。なんで周りの大人が彼らに教えてやらへんの？」

子どもたちがあこがれるのはブランド物の高価な腕時計やネックレスではない。世界を舞台に戦う雄姿にあこがれるのだ。アマチュアスポーツの世界にも、急速に賞金が押し寄せている。そうしなければ強い選手が参加しないと、国際競技団体は口をそろえて説明する。弱冠二十一歳の桃田選手が年間二千万円を超すお金を手にしていたと知って、驚いた者は少なくない。

二〇一五年にロシアのカザンで開かれた水泳の世界選手権も賞金レースで、総額五百五十万ドル、約六億八千二百万円にのぼる賞金が出た。賞金を得られるのは八位入賞者までで、例えば競泳で世界記録を更新した場合は三百七十万円。競泳の一位は二百五十万円で、メダル獲得者には百万円を超す賞金がそれぞれ支払われた。

シンクロのソロやデュエットの賞金額は競泳と同じで一位が二百五十万円だ。八人で競うチーム競技に対しては一位が六百二十万円、二位で四百九十万円、三位が三百七十万円となっている。

井村がヘッドコーチに復帰して四つの銅メダルを獲得した日本代表チームの選手たちは、

初めて多額の賞金を持ち帰った。賞金をどのように分配するか。いずれの競技団体にとっても頭の痛い問題である。これまで少なからぬ競技団体が不透明なお金の流れや使い道をめぐって批判を浴びてきた。そのような事態を避けたい競技団体は、賞金をそっくり選手に配って済ませているところが少なくない。

水泳連盟でも全額を選手に分配しようとしたが、井村はそれに待ったをかけた。シンクロはチームで力を合わせて戦う競技で、チームの中には当然ながらコーチやトレーナーも含まれる。選手がいなければコーチは力を発揮できないが、選手もコーチなしには戦えない。JOC（日本オリンピック委員会）の職員となった井村の処遇は改善された。しかし、ほかの二人の代表コーチ、立花美哉と滝田理砂子《たきたりさこ》の日当は一日二千円のままである。

チームの選手たちには毎月十万円の強化費も支給されている。そのうえ賞金を選手だけで分配するのは納得できないことだった。井村は、かかわった全員が力を合わせて勝ち取ったメダルだと選手たちにわからせたかった。水泳連盟の事務局は井村の権幕にたじたじとなり、「シンクロは井村先生の提案通りに」と、井村に采配を丸投げにした。

井村は熟慮のうえで選手七割、コーチらに三割を分配すると決定した。多くの種目に出た選手は二百万円を超える賞金を手にし、コーチやトレーナーたちスタッフも、それぞれ数十万円ほどを得ることとなった。

井村シンクロクラブでは、賞金を獲得した選手は二割をクラブに寄付する決まりになっている。後進の育成に役立てるためだ。世界選手権で賞金をもらった選手たちが、寄付のほかにｉＰａｄを二台、後輩たちの練習用に贈りたいと申し出たときは、井村はうれしかった。お金の使い方について指導してきたことが伝わっていたからだ。

強化費に関しても「お小遣いではない」と、うるさく言っている。税金から支出される強化費は、国民みんなの応援をもらい、パフォーマンスを上げるために自分に投資する大切な資金なのだ。

栄養のある食べ物を食べ、体をきちんと手入れし、常に体調を万全に整えておく。強化費の意味を考えさせるために、井村は「せめて水着の代金の一部を選手に支払わせてほしい。これも選手教育です」と水泳連盟に訴え続けているが、一向に実現しない。

井村雅代はシンクロの技術を教えるスポーツ指導者というだけでなく、骨の髄まで教育者なのだ。

ある国際大会の折に、勝者に贈られる花束が無造作に部屋に放り出されているのをみつけて井村が声を荒らげた。

「お花も生きているんやから、水に入れてあげなさい！」

容器がないから、という選手たちの言い訳に、井村の怒りは倍増した。「少しは考えなさいよ！」と。

空になったペットボトルの上部を切り取り即席の花入れにする。試合が終わったあとで、その花束に「ありがとう」という言葉を添えてお世話になったコーチやトレーナーのところに持って行く――。井村に教えられて、以後、選手たちはそれを実行している。

「お花を水にもつけず、その辺に置いておける子に人を感動させる美しい演技ができますか？　私は選手たちにトップアスリートとしてのパリッとした品格を身に付けてほしいんです」

「メダル請負人」と呼ばれる井村は、リオ五輪でもむろんメダルを目指す。ウクライナはもとより、中国チームも射程に入れての激突となる。

けれども、井村が鬼気迫る勢いでシンクロを教える最終目標は、意外なことにメダルではない。

「何億年もかけて海から陸に上がった人間がなんのためにまた水の中で逆立ちしたり、回ったりしているの？　スポーツを通じて努力することや耐えること、力を合わせることを覚えてよりよい人間になってもらいたい。私の究極の目標はそこなんです」

教え子の多くは親になっても子どもを急き立てる母親ではなく待てる母親になっている。井村はうれしそうにそう言った。

スポーツをする者たちにとって、オリンピックは特別の場だ。選び抜かれたアスリートたちが四年に一度、世界中から集まって、それまで積み重ねたすべてをかけてぶつかり合う。

「参加することに意義がある？　とんでもない。あそこは戦う場なんです。人の一生で三本の指に入る真剣勝負の場なんです」

三十代初めから八回のオリンピックを戦い抜いて、そのすべてでメダルを取った井村は言う。

二〇二〇年のオリンピック・パラリンピックは東京で開催される。なんといっても国民を元気にしてくれるお祭りだ。

しかし、と井村は顔を曇らせた。

選手や国民そっちのけでうごめくものがあることを早くも感じているからだ。

井村は、あるスポーツ関連商品を扱う会社から五輪スポンサーになりたいとの打診を受けた。シンクロチームのためにボディケアを受け持つトレーナーを一人派遣し、常駐させる。提供する現金は三百万円。そのような条件だった。

現場のコーチとしては、人を派遣してもらえるのはありがたかった。ところが、いつまでたっても話が具体化しない。その会社の社長に事情を聞くと、スポンサーをまとめる広告会社が人を派遣するより一千万円の現金を提供するよう、迫っているという。社長が、選手を直接支援できないならスポンサーを辞退すると言い出したことで、ようやく話がまとまった。広告会社が折れたのだ。

「あなたたちには選手が札束に見えているんじゃないですか。どうぞアスリートファーストでお願いします」

広告会社の担当者二人に面と向かってこんなことを言うのは井村くらいのものだろう。

水泳連盟が広告会社にのっとられてしまったように見えるのが、井村には気がかりでならない。

ピンチはチャンス

日本水泳連盟も、シンクロ委員会も、手放しの喜びようだった。関係者だけでなく日本中の人々が「お家芸復活」と、二〇一六年リオ五輪での日本代表チームのメダル獲得に沸き立った。

先に演技をしたデュエットのテクニカルルーティンでライバルのウクライナに少々の後《おく》れをとった。しかし、「風神雷神」をイメージしたフリーの演技でウクライナを下す。オリンピックのメダルは世界選手権とはちがってテクニカルとフリーの合計点で競う。デュエットが銅メダルを取ったことに勢いづいて、チームでも銅。

デュエットで八年ぶり、チームでは二〇〇四年のアテネ以来、実に十二年ぶりにメダルを手にし、シンクロナイズドスイミング日本代表チームは長いトンネルを抜け出した。

だが、お祝い騒ぎの中で、ヘッドコーチである井村雅代はひとり、危機感を募らせていた。ロシアも中国も身長が一七〇センチ台後半の選手をそろえてリオに乗り込んできた。層が厚いので足の形も似通った選手たちが選ばれている。三位を争うライバル、ウクライナに至っては一八〇センチ近い選手を並べてみせた。

選手の大型化が世界のすう勢であることは明らかだった。井村はリオ五輪が終わってすぐに、シンクロ委員会に対して代表選手の選考方法を変更するよう提案した。

「長身の選手を集めよう。でないと次のメダルはない」

しかし、井村の提案はあっさり否決された。久々にメダルが取れたのだから何も変える必要はない、という意見が大勢を占めたのだ。

五輪の翌年の世界選手権はハンガリーのブダペストで開かれた。リオ五輪のデュエット、チームで銅メダルを取った三井梨紗子ら比較的大柄な選手たち数名が引退し、日本代表チームは一段と小粒になった。どんなにいい演技をしても、水上に出ている体の体積が小さいと審判員や観客に訴えるインパクトに欠ける。

ブダペストでは九種目に出場して、銅メダル二個しか手にできなかった。デュエットはテクニカルルーティン、フリールーティンとも表彰台を逃し、チームのテクニカルルーティンと、五輪種目にはないフリーコンビネーションでかろうじて三位に滑り込んだ。

五輪の次の年に行われる世界選手権の結果は大きな意味を持っている。どの国も代表選手の何人かが引退し、コーチらも入れ替わる。新しい陣容で臨む世界選手権での順位は、次の五輪の序列を占うものとなるからだ。

ブダペストで開かれた世界選手権の成績を受けて、シンクロ委員会の決断は素早かった。それまで日本代表チームの選手は毎年開く選考会で高い点数を取った順に選んできた。誰の目にも公正な選考方法である。が、井村が進言した通り、選考会による選考を思い切ってやめた。小柄な選手の方が小回りが利き、高い技術力を備えていることが多い。点数で選ぶとどうしても一六五センチに満たない選手が集まりがちだった。

そこで育成に数年かけることを覚悟して体格のいい選手をコーチに推薦してもらい、シンクロ委員会が選定する仕組みに変えた。

井村は体格と技術力を兼ね備えた選手を一人でも多く発掘しようと、各地で開催される国内大会にこまめに足を運んだ。

鹿児島市で開かれたチャレンジカップを見に行ったときのことだ。その試合でもスカウトしたいと思うような大きな選手には出会えなかった。プールサイドで肩を落とす井村に救護班の医師がささやいた。

「先生、日本女性の平均身長は一五八センチほどですよ」

ふいに突き付けられた日本女性の体格の現実。小さい、小さい、と思っていたが、すでに代表チームではそれなりに大きい選手を採っていたのだ。

「バレーボールチームからでも選手をごっそりもらってこないとダメですね」

井村は苦笑を返すことしかできなかった。

厚生労働省の「平成三十年国民健康・栄養調査報告」によると、二十代女性の平均身長は一五八・七センチとある。一方、統計の取り方はちがっているが欧州の二十二歳の女性の平均身長は約一六七センチだ。

それでも選考方法を変えたことで少しは大型化が進み、一七〇センチ以上の選手が三人となった。抜擢されて一七〇センチのエース、乾友紀子とデュエットを組むことになった吉田《よしだ》萌《めぐむ》は一六八センチと長身で、幸いなことにまっすぐに伸びた二人の足の形は双子のようにそっくりだった。

これからの代表選手には演技にパワーと、より一層のスピードが求められている。水中で素早く動ける筋肉質の体に仕上げるために、陸上でのトレーニングを増やし、食事のとり方も変えた。合宿練習後の楽しみだった「お餅パーティー」は中止、体脂肪率を一五％ほどに落とした。

アクロバティックな動きの強化にも取り組んだ。長年コーチをつとめる井村の目にも強豪国のリフトやジャンプの進化は目覚ましく、空中での回転スピードはより速くなり、リフトの形態も複雑で高度なものになっている。

リフトやジャンプを担う選手には泳ぎのほかにも特殊な能力が必要で、体が軽く、確かな空中感覚を備えていなければつとまらない。他の選手がバレエやダンスの稽古に励んでいる間、トランポリンなどでひたすら空中感覚を研ぎ澄ます訓練を積む。

二〇一七年七月、ＦＩＮＡ（国際水泳連盟）が突然、シンクロナイズドスイミングの競技名をアーティスティックスイミングに変更すると発表した。同調性に加えて芸術性が評価の重要なポイントとなる。見栄えのするリフトやジャンプが重視される方向性が決定的になった。

日本では、「シンクロ」として親しまれてきた競技の名称が変わることに反対する署名が一万人以上から寄せられた。しかし、日本水泳連盟も、二〇一八年四月からアーティスティックスイミングへと改称することを決めた。

その年三月三十一日。最後の練習が終わってプールから上がった代表選手たちは、プールに向かって声を張り上げた。

「シンクロナイズドスイミング、ありがとう！　アーティスティックスイミング、よろしく！」

呼び掛けたキャプテン、乾友紀子選手が言った。

「いつの間にか、ずるずるっと変わるのはいやでしたから」

予期せぬ選手たちのふるまいに、井村は心を動かされた。いま叫んだ言葉をプールサイドのホワイトボードに書いて一人ひとりの署名を添えるよう選手らに促した。

たとえ競技名が変わろうと、ルールがどう変わろうと、求められる高みを目指して突き進むだけだ。体格が劣っているから勝てないというなら日本のスポーツはどこへ向かえばいいのだろう？　階級があるもの以外はできないということか。

そんなのむかつく。腹が立つ。体格のハンディは、よりスピーディーな動きと正確な技術で乗り越えてみせよう。下手な選手を上手にするのがコーチの仕事。その原点に戻るのだ。

愛着のある競技名を手放した夜。プールサイドで井村の闘志が静かに燃えた。

「東京２０２０」を一年後に控えた二〇一九年七月。二年に一度の世界水泳選手権が隣国の韓国・光州《こうしゅう》で開幕した。東京五輪の前哨戦だ。

アーティスティックスイミングのデュエット予選、決勝。チーム予選……。

試合が進むにつれて井村の闘争心は急速に冷めていった。王者ロシアが一位、二点差で中国が二位、さらに二点差でウクライナが三位、次が日本。そして種目によってスペインかイタリアが続く。点差も順位も、ほぼ変わらない。日本はどの種目もウクライナに次ぐ四位が指定席のようだった。

審判団にはヨーロッパ勢が目立つ。ウクライナチームの足技が明らかにずれているのに減点がない。審判員たちは頭の中のランキングに縛られて目の前の選手たちの演技を丁寧に見ていないのではないか。井村にはそうとしか思えなかった。

コーチと審判員の橋渡し役をするアメリカとカナダの元コーチが「ウクライナと日本チームの点数の出方がおかしい」と申し入れてくれたが、もちろん結果は覆らない。

これではどんな演技をしてもウクライナより高い点が出ることはない。メダルを持って帰れないなら、別のものを持って帰ろう。日本のどこがだめなのか。どうすれば勝てるのか。せめてそれを学んで帰らなければ。

井村は四十年あまりに及ぶ長いコーチ人生で、初めて観客席から試合を見ることにした。出番を待つ日本の選手たちを集めて告げた。

「今日、私はコーチ席に立ちません。あなたたちのいいところはどこなのか。課題は何か。観客の目で、審判の目で、見ることにします」

何が起きたのか、飲み込めないでうろたえる選手一人ひとりを抱きしめて「がんばれ」

と耳元で力を込めると、井村はすたすたと観客席に上って行った。

決勝で演技をするのは全部で十二チームだ。一番のイスラエルから十二番のイタリアまで、出場チームの演技をすべて食い入るように見た。見ながら考えた。

なぜ日本は四位なんだろう。なぜ六位や八位に落ちないのだろう。いいところがあるからだ。それはどこなのか。

テクニカルルーティンもフリールーティンも、音楽と振り付けと演技が一体となった、よい作品に仕上がっている。作品の完成度の高さではどこにも引けを取らなかった。

日本の選手たちの好感度が高いことにも気づかされた。どんなに苦しくても途中で投げ出さず、最後までやり切ろうとする一途さが観客席にも伝わってきた。

残念なところはどこか。体型的に小さい。それは仕方ないとして、誰か一人か二人が常に同調性を乱している。これではだめだ。隙がある。全員がもっとビシッと合わなければ。

ウクライナの選手たちはなるほど、大きくて美しい。高いジャンプが決まると観客から歓声が上がった。長い足もピッと まっすぐに伸びている。でも、それだけだ。作品としてのよさは感じられなかった。

このところ井村の胸に重く沈んでいるのは、アーティスティックスイミングという競技の行く末である。

足の指の先までミリ単位で同調させる繊細で正確な技術は二の次になり、メディア受けする派手なリフトやジャンプばかりがもてはやされる。

陸上での訓練が増え、選手の負担は増す一方だ。水中で競技をする選手たちが、重力をもろに受ける陸で長時間の練習をするとケガにつながりやすい。それでもリフトやジャンプを担う選手はバレエやダンス以外に体操競技も習得しなければならない。体操選手でもないのに二回宙返り一回ひねりの「月面宙返り」などをこなさなければならないのだ。

日本は出場しないという選択をしたが、今回、二〇一九年の世界選手権から「ハイライトルーティン」が新種目に採用された。

八人から十人で演じるチーム競技で、二分三十秒という短い時間に決められた要素と、少なくとも四つ以上のアクロバティック動作を入れなければならない。見る側からすると、アクロバットの連続に目を奪われることになりそうだ。二〇二四年、パリで開かれるオリンピックの正式種目候補ともなっている。

あれはスポーツというより見世物だ。

井村は思う。

五輪の種目に、と推し進めている人々は、どれほど選手の体に負担とダメージを負わせるかわかっているのだろうか。このままでは早晩、アーティスティックスイミングをやりたい人がいなくなってしまう。

複数の選手たちが一つになって音楽と溶け合い、二百種類もある技術を駆使して同調性と隊形の変化で物語の世界観を表現する。追い求めてきた競技の理想から、なぜか遠ざかっていく……。

しかし、と井村は気を取り直す。オリンピックに出る以上、メダル獲得を目指すのは当然のことだ。

まずテーマが明確な、しっかりとした作品を作ること。そして隙のない高い技術で完璧に同調させること。今回の大会に向けて、井村は指導のかなりの部分を若いコーチたちに任せてきた。コーチにも育ってほしいと願ったからだ。しかし、誰より多くの経験を持つ自分のかかわりが不十分だったと思い知らされた。

「もう一度原点に戻って、私がこの子たち全員を抱えていこう」

観客席で、井村は自分に言い聞かせた。

一方で収穫もあった。乾友紀子選手がソロ種目の演技で二つの銅メダルに輝き、ソリストとして世界に認められたことだ。

テクニカルルーティンでは原田早穂以来十二年ぶり、より高い表現力が求められるフリールーティンでは立花美哉（現・宮川美哉コーチ）以来、十八年ぶりのメダルである。

「リオ五輪の後も引退せずに現役でいるのは乾だけ。毎年きびしい練習に励むモチベーションを維持させるにはソロでメダルを取らせてやる以外にありませんから」

「フリーはどんなものをやりたい？」。井村に問われて、「奥野史子さんの『夜叉の舞』のような作品がいい」。乾は迷わず答えた。「夜叉の舞」はシンクロの歴史を変えたと言われた名作である。乾はもちろん、リアルタイムでは見ていない。

乾のために作られたフリーの作品は、水の精オンディーヌの物語がモチーフだ。人間の男性を好きになり、裏切られてしまう。水の精は人間でないものに化身し、愛し合ったはずの相手を呪う。美しいものと醜いものが同居し葛藤するさまを表現する。起伏に富んだ感受性と、それを形にするテクニックが必要だ。

乾の持ち味はさわやかさ。控えめなところも誰からも愛される。が、好ましい性格は、優れた表現者となるうえでときとして邪魔になる。乾の望みを叶えるために、井村はエンターテインメント集団「ザ・コンボイ・ショウ」のメンバー、舘形比呂一《たてがたひろかず》に振り付けを依頼した。

「コンボイにはさまざまな才能が集まっています。でも内面を表現するなら舘形さんをおいてほかにない」

井村は五輪の種目ではないソロの練習に多くの時間を割いて、乾選手に付きっ切りで指導を重ねた。

決勝で見せた乾選手のフリーの演技に井村は目を見張る。乾選手はまるで水の精が乗り移ったかのように演じ切った。観客の心をつかみ、たった一人で広い空間を思うさま支配した。

表彰式のあと、乾が駆け寄ってきてメダルを井村の首にかけた。井村はそれをはずして乾に笑顔を向けた。

「コーチにメダルは似合わない。メダルより、いい演技をしてくれたことが何よりうれしい」

井村はひそかに乾の演技に点数をつけた。銀メダルを取ったスペインのベテラン選手を抜いて、乾が堂々の二位だった。

『東京五輪に黄信号』

井村ジャパンで初めてメダルなしに終わった世界選手権の結果を受けて、メディアは一斉に書き立てた。

前回のリオ五輪には前年のロシア・カザンで開かれた世界選手権でメダルを取って臨み、二つの銅メダルを引き寄せた。今回はメダルなしに東京五輪で巻き返しを図らねばならない。

「相当なピンチ。最悪です」

井村は危機感を隠さなかった。自国開催の東京五輪で「審判の頭の中を変えるのはむずかしかった」では済まされない。八方手を尽くして知恵を絞らなければ。

「ピンチはチャンス。開き直ります」

世界選手権が終わるとすぐに東京五輪に出る選手の選考が始まった。チームの出場選手は八人だ。通常なら十人ほどを選んでおいて切磋琢磨させながら八人に絞り込む。

ところが井村は最初から八人しか選ばなかった。その方が落ち着いて練習に集中できると考えたためだ。

「いまの子には絶対に八人の中に残るぞ、という気迫がない。自分が落とされるのではと不安に思ったり、疑心暗鬼になったりします。真面目やけど生きるたくましさに欠けてますから」

選ばれたのは柳澤《やなぎさわ》明希《あかね》、木島《きじま》萌香《もえか》、京極《きょうごく》おきな、安永《やすなが》真白《ましろ》、塚本《つかもと》真由《まゆ》、福村《ふくむら》寿華《じゅか》、吉田萌、乾友紀子。病気もけがもできない八人である。このうちオリンピックに出た経験があるのは乾選手ひとりだけだ。

秋になると、東京・国立スポーツ科学センターでの合宿練習が始まり、作品作りが本格化した。

まずは乾・吉田ペアのデュエットを強化する。乾選手はここ一年あまりで目覚ましい成長を遂げた。ソロの演技を通して表現力を身に着け、いまだに上達し続けている。ペアを組む若い吉田萌選手との力の差は縮まるどころか開いている。

愛知県出身の吉田選手は、合宿練習のない期間、ウイークリーマンションを借りて大阪に移り住み、井村の特訓を受けた。合宿中は、合同練習の時間外に井村の個別指導が待っていた。チームのエース、乾選手に追いつきたい一心で、きびしい練習に耐えた。体型だけでなく、音楽への感性が似ているのはこのペアの強みだ。

「乾が大きく成長したんです。吉田も他の選手もきっと変わる。変えるのがコーチの、私の仕事です」

デュエットでメダルを取るとチーム全体にはずみがつく。リオ五輪のときもそうだった。

デュエットのテクニカルルーティンは、くノ一がテーマの「忍者SAKURA」で勝負する。音楽のベースとなるのは「さくらさくら」の曲だ。

幕末のころに作られたという「さくらさくら」は国際的な場面でたびたび演奏される日本の代表的な歌曲である。哀愁を帯びたメロディーは耳に残りやすい。今回は「さくら～さくら～やよいの空は～」と音声を入れる。出だしのこの歌詞が、海外の人々によい印象を持たれていることがわかっているからだ。

さて、誰に歌ってもらおうか。

井村も音楽チームも考え抜いた。東京五輪で最初の種目となるのがデュエット・テクニカルルーティンだ。ぜひとも「あっ」と言わせたい。

その役割は、初音《はつね》ミクに託された。

音楽ディレクター、栃尾恒樹がその名を口にしたとき、井村も作曲家の大沢みずほも思わず膝を打った。使うなら東京五輪をおいてない。

青緑の髪を、くるぶしまで届きそうなツインテールに結んだ十六歳のアイドル、初音ミク。二〇〇七年、ヤマハが開発した音声合成ソフト「ボーカロイド」を基に生み出されたバーチャルシンガーである。

身長一五八センチ、体重四十二キロ。ノースリーブのシャツに青いネクタイ、超ミニスカートというでたちでダンス系ポップスやアニメソングを主に歌う。

未来から来たという架空の歌姫は瞬く間に若者たちをとりこにし、二〇一五年には武道館ライブを成功させた。海外進出も果たしてアメリカの人気歌手、レディー・ガガのステージに立ったこともある。アニメファンを中心に国内外に広く知られた存在である。

二〇一六年から毎年、幕張メッセのイベントホールで歌舞伎役者の中村獅童《なかむらしどう》とも共演している。この舞台が評判を呼び、ついに二〇一九年八月には「超歌舞伎」と銘打って伝統ある京都・南座で一か月近い本格的な興行を行った。

井村は話題になった舞台には必ず足を運んでいる。珍しく和装で舞台にせり上がってきた初音ミク。ミクの持ち歌「千本桜」と歌舞伎の名演目「義経千本桜」を融合させた「今昔饗宴千本桜《はなくらべせんぼんざくら》」などの演目に、観客は熱狂した。

客席を埋めたファンらが手に手に揺らせているのはピンクや黄、青などのペンライト。大向こうからは中村獅童への「萬屋《よろずや》！」、初音ミクには「初音屋！」、そしてミクを実在するかのように舞台に浮かび上がらせるＮＴＴ技術スタッフらにも「電話屋！」と威勢のいい掛け声が飛び交った。いつもの歌舞伎公演とは一味ちがう異空間。井村には「クールジャパン」そのものに感じられた。

大沢みずほは、人気者の初音ミクにできるだけ多く登場願うよう音楽を構成した。演技の節目節目で「さくら〜さくら〜」と歌わせるだけでなく、「ウフフ」と笑い声を入れたり「ニンジャ　サクラ」「マウント　フジ」とミクの声でセリフをしゃべらせたりもした。

デュエット・フリールーティンは、一転、ダンスミュージック風の「進化〜エボリューション」で臨む。

ピコピコと動きがぎこちない旧式のロボットが主人公だ。人間と触れ合ううちに、人間に生まれ変わりたいという大それた望みを持つようになる。むろん、そんな願いは叶わない。苦しむロボット。ところがある日、高度な技術で進化したロボットに変身し、人の気持ちがわかるようになる。喜びを爆発させるロボット。

いま話題のＡＩ（人工知能）は、果たして人間の心を理解できるまでに進化を遂げるのだろうか。大沢は、自分が抱く疑問をそのまま短い物語に仕立てて曲にした。乾と吉田、デュエットを泳ぐペアが、人間になりたくてなれないロボットの悲しみを、引き合い、離れ、また引き合いと、情感豊かに演じるのが見どころだ。

二〇一九年八月十三日、徳島市は「阿波おどり」で盛り上がっていた。日本代表候補の選手たち一行はコーチの井村、作曲家の大沢みずほらとともに徳島にやってきた。井村と旧知の元ラグビー選手、林敏之《はやしとしゆき》の計らいで総踊りに参加するためだ。

井村が選手らを伴って徳島に現れたのにはわけがある。チームフリーのルーティンでは世界選手権と同じ、日本の祭りを表現する。

五輪に向けて演技全体を一段とバージョンアップするには何が必要か。井村は踊りの興奮の渦の中で、選手らに「我を忘れる」境地を体感させたいと考えた。感情を表に出すのが苦手な日本人は少なくない。若い選手たちも同様だ。何もかも忘れて祭りに身をゆだね、夢中で踊るという感覚を味わってもらいたかった。

選手らは、地元が用意してくれた揃いの紫色の法被と地下足袋に身を包み、頭に鉢巻をきりりと締めて男踊りの群れを待った。踊りの列に飛び込む前にスクラムを組む。林が「喝」を入れようと雄たけびをあげた。

「命かけてやろう！」

迫力ある大声が地面を震わした。

林敏之は一九八七年にニュージーランド・オーストラリア共催で開かれたラグビーワールドカップ第一回大会で日本代表チームのキャプテンをつとめた。同志社大学から神戸製鋼に入り、チームの日本選手権七連覇に貢献した。自身のけがもいとわず相手チームに突進するプレイスタイルで、「壊し屋」と異名をとった伝説の選手である。

もう若くない林がラグビーの試合本番と変わらず腹の底から本気の叫び声を放つ。

そばで見ていた大沢みずほは鳥肌が立ち、心が奮い立つのを感じて、いつの間にか涙を流していた。

男踊りの仲間に入った選手らは、「アーティスティックスイミング日本代表のメンバーたち」とアナウンスされたこともあり、ぎっしり詰まった沿道の観客から大喝采を浴びた。なにより彼女たちの踊りっぷりが見事だった。女踊りとちがって男踊りには踊るうえでの決まりがない。選手たちはふだんからダンスやバレエの練習を積んでいる。音楽に合わせるのも得意だ。阿波おどりもたちまちコツを飲み込んで、それぞれ自在に踊り、はじけた。

「私たちは気持ちをアピールするのが下手なんです。でも踊っているうちにためらいが消え、体が勝手に動いていました。本当に楽しかった。我を忘れるって、こういうことなんだと分かりました。チームのみんなとも一つになれた気がします」

乾友紀子選手が振り返る。

夜は徳島出身の林の世話で、みんな一緒にお寺の大広間で寝た。選手たちが音楽担当の大沢に、「自分たちの掛け声を曲の中に入れたい」と申し出た。選手の方からそのような要望を伝えてくるのは珍しい。選手らが作品に自分たちの考えを反映させるのはいいことだ。大沢はすぐさま持参の音楽を流し、掛け声を入れる場面を決めた。体力的に最もつらい演技終盤だ。へこたれそうになったとき、自分たちの声に大きな励ましをもらえるだろう。

日本には季節ごとに、地域ごとに、数多くの祭りが伝わっている。祭りはどの世代にも受け入れられる楽しみだ。

音楽はにぎにぎしくスタートを切る。かわいらしさは封印し、和歌を挿入して大人の女性の知性を際立たせる。誰の耳にもなじみがある「東京音頭」をアレンジした何小節かを入れたのはご愛敬か。

最後のクライマックスは、東北のねぶたや東京・下町の祭り、阿波おどりなど、全国各地の祭りのにぎわいを素早い足技で盛り上げる。チームフリーのテーマはズバリ、「今日はお祭り!」だ。

チームテクニカルは、とっておきの秘策、空手で勝負をかける。オリンピックのための渾身の新作だ。

東京五輪では開催国の追加種目として空手が初めて正式に採用された。日本生まれの空手は世界中に愛好者が広がって、競技人口はいまや一億人ともいわれている。プールに飛び込む前の陸上動作で観客席の誰もがそれとわかる。一瞬にして見る者の心をとらえるにちがいない。

井村は代表選手ら全員を、大阪市内にある空手道場に送り込んだ。やるならもちろん、本物だ。二〇〇〇年のシドニー五輪でも空手をルーティンに取り入れた。最初のおじぎだけで観客が沸いた。銀メダルにつながる、いい演技になった。

「でも、あれはまだまだ。もう一度、本物の空手でやりたいと、ずっと思ってました」

演技のスピードも限界まで上げる。

選手たちは道着に着替えて週三日それぞれ二時間、みっちり空手の稽古に精を出した。体の中心に軸を一本通す。軸に近いところで無駄なく体を動かしていく。相手の力も上手に生かす。形《かた》も動きも正確に。空手に取り組んでみると、アーティスティックスイミングとの共通点が少なくなかった。

選手たちの飲み込みは、空手の指導者らが舌を巻くほど早かった。もともと身体能力が高く、調整力もある。本物の空手がトップアスリートの演技によって公式の場で披露される。それは指導者たちにとっても大きな喜びだ。指導にはおのずと熱が入った。二か月ほどで体に基礎を叩き込み、あとは週に何回か。選手らは本物の空手の所作と技を自分のものにしていった。

重要な空手の試合にも足を運んで迫力と空気感を体にまとわせた。

振り付けと音楽作りが同時に進んだ。泳ぎには力強い「突き」や「蹴り」の動作が入る。大沢は、緊迫感に包まれ少し恐ろしさも感じられる、ドスの効いた曲を作りたかった。目を付けたのは三味線の太棹《ふとざお》だ。ベーンという低くて強い響きで勝負の凄みを表現する。和に走り過ぎず、ロックの調子を取り入れた鋭角的な音楽に仕上がった。

「東京五輪にぶつける作品は？」

井村も大沢も、たびたびメディアの問い合わせを受けた。そのたびに「いま考えているところ」としらばっくれた。空手は日本が誇る文化の一つ。「なるほど、そうきたか」と演技を見た日本中の、いや世界中の人たちに頬を緩めてもらいたい。他国に構想が漏れて真似されるのは避けたかった。

チーム・テクニカルルーティン「空手　２０２０」の作品作りは二〇二〇年が明けて一月九日、メディア各社に練習を公開するまで極秘で続けられた。

東京五輪で泳ぐルーティンは、忍者に空手に祭り。さらに最先端の技術が生んだバーチャルアイドル、初音ミクなど、日本らしさを前面に押し出した。水着も、一目で日本とわかる富士山や桜をデザインする。

曲はすべて作曲・大沢みずほ、編曲・佐藤亘《さとうわたる》ら音楽チームの手になるオリジナルだ。大沢はアトランタ、シドニー、アテネ、リオデジャネイロと四度のオリンピックに楽曲を提供し、そのすべてでメダル獲得に貢献してきた。今回も井村の言う「勝ちパターン」で挑む。

音楽は、常に修正を迫られる。「ここの音色を変えて」「ここにはキラキラした感じがほしい」。井村からの注文にこたえて変更しても、選手の演技が上達するとそれまでの音楽が似合わなくなることがある。するとまた修正が加えられる。五輪直前までそういう作業を繰り返し、練り上げていく。

二〇一九年も押し詰まった十二月、井村と代表選手たちはグアムで合宿を行っていた。合宿所のプールは屋外にある。ときに風雨が激しく顔面や体にたたきつける。その中で泳ぐことで体力がつき、体幹も強くなる。

グアム合宿のさなか、思いがけないニュースが飛び込んできた。ＷＡＤＡ（世界反ドーピング機関）が、ロシアに対して向こう四年間、東京五輪を含む主要なスポーツの国際大会への参加を禁止する決定を下したのだ。ただし、ドーピングに関与していないと証明できた選手には、ロシア代表ではなく個人の資格で参加できる道が残された。

不適格な組織と断じられたＲＵＳＡＤＡ（ロシア反ドーピング機関）はスポーツ仲裁裁判所に異議申し立てをしたが、ロシアのスポーツ界をめぐっては、かねてより国家ぐるみのドーピング疑惑が付きまとっていた。

二〇一四年、女子陸上選手とRUSADAに勤務する夫がドイツの公共放送を通じて国家主導のドーピングを告発した。WADAは独立委員会を設置して調査に当たり、二〇一五年、組織的なドーピングがあったと認定した。その結果、翌年のリオオリンピックでは陸上競技や重量挙げなど百人以上の選手が出場禁止、パラリンピックは全員が参加停止となった。

WADAは検査所で保管している選手らのすべてのデータを提供することを条件に、二〇一八年、ロシアに対する処分を解除した。ところが提供されたデータには多数の消去や改ざんのあとがみつかったため、今回の処分となったのだ。

アーティスティックスイミングの世界でロシアは目下、絶対王者。

実はロシアチームの不正な薬物使用は以前からあった、と井村は証言する。立花・武田ペアが活躍していた二十年も前のこと、ロシアチームが興奮剤を使っていたことが明るみに出て、三か月の出場停止処分を受けたことがあった。

「全員が不正をしているわけではないでしょう。潔白な選手にとって今回の措置は気の毒ですね。でも、WADAやIOCがどこかの時点できちんと対応しないとロシアのドーピングは止められないと思う」

井村は、ロシアで引退したアーティスティックスイミングの選手らが次々に復帰し、オリンピック代表争いがし烈になっている、との情報を得た。やはり東京五輪に出る構えなのだと受け止めた。

もしロシアが東京五輪に出られなければ——。日本には大きなチャンスが転がり込むことになる。

しかし、それではおもしろくない。井村は言った。

「私たちは最強の相手と最高の競争がしたいだけ。ただし正しい戦いで」


グアムから戻ると休む間もなく国立スポーツ科学センターでの合宿練習再開だ。オリンピックイヤーの年明けは、プールで迎えた。

一月二日、選手らは筆を執って恒例の書初めをした。

「やる気全開」。自分に勝つという意味を込めて「勝」と一文字。「強い意志」「勇往邁進」……。それぞれ思いを込めた。

ときに逃げ出したくなるような合宿練習に明け暮れる選手たち。彼女らの胸をほのかに温めている出来事がある。

二〇一九年秋、日本列島はラグビー一色に染め上げられた。二十カ国が参加するラグビーワールドカップが九月二十日から十一月二日まで、日本で開催された。アジアでは初めてのことである。

阿波おどりに参加して、元日本代表キャプテンだった林敏之に大きな励ましをもらった選手たちは、ラグビーにこれまでにない親しみを持った。

一次リーグの第一戦、日本代表はロシアに快勝。あろうことか、次のアイルランド戦でも大方の予想を覆して優勝候補のチームから勝利をもぎ取った。

この結果に日本中が沸いた。観客の声援が選手らの献身的なプレイを生み、それがまた観客の感動を誘った。

ラグビー日本代表チームは年間二百四十日にのぼる苦しい合宿を行って、いま晴れ舞台に立っている。一人ひとりがチームのために力を尽くさなければ成り立たないスポーツだ。アーティスティックスイミングもまた「ワンチーム」にならなければ戦えない。選手らは、いつのまにかラグビー日本代表に自分たちの姿を重ね合わせた。

対サモア戦、強豪スコットランド戦……。試合ごとに観客が増え、ラグビー日本代表チームの快進撃は続く。日本はとうとう一度も負けることなく初の決勝トーナメント進出を果たした。大勢の「にわかファン」がスタジアムに詰めかけた。準々決勝で南アフリカに敗れはしたが、ついに念願のベスト8入りを達成したのだ。

観客の鼓舞と、応える選手らの好循環。

「これが開催国の力というもんや」

井村雅代の耳に、北京五輪の際の拍手が鮮やかによみがえった。大きな会場全体を揺るがすような、それまで聞いたことがない熱量の拍手だった。開催国ゆえにもらえる応援。それがどれほど選手の力になるか、井村は身をもって知っている。

第三十二回オリンピック競技大会は、思いもよらない新型コロナウイルスの世界的な感染拡大で一年の延期を余儀なくされた。二〇二一年七月二十三日から八月八日まで、十七日間にわたって東京を中心に日本各地で開催されることとなった。つづく二十四日から九月五日までは、パラリンピック競技大会の熱い戦いが繰り広げられる。

オリンピックで競うのは史上最多の三十三競技、三百三十九種目。二百あまりの国と地域から約一万一千人の選手が参加する。一九六四年に東京で開かれた第十八回オリンピック競技大会から五十七年。ほぼ倍の選手が東京を目指してやってくる。

アーティスティックスイミング競技は八月に東京アクアティクスセンターで行われる。チームは代表十か国から十組、デュエットは一か国一組で二十二組が出場し、練習の成果をぶつけ合う。

二〇一九年の世界選手権上位二か国、各大陸一位の国、予選を勝ち抜きチーム競技に出場する資格を得た国々を合わせた十か国は、デュエットの出場資格も得ることができる。日本は開催国として、チームとデュエットに出場する枠を与えられている。

井村には東京五輪までにやらなければならない仕事が残されている。審判の頭の中を変えてみせることだ。そのために新しい作品を引っ提げて国際大会に積極的に打って出る。これまでの日本代表チームとはちがうぞ、というところを見せつける。

大きな舞台を踏むことで、オリンピックが初めての若い選手たちにも度胸がつくはずだ。

そして、いよいよ東京へ。

井村雅代にとって十回目となるオリンピックに向かっていく。

一九八四年、ロサンゼルスオリンピックで初めて日本代表チームのコーチに就任したときは、まだ三十代だった。以来ソウル、バルセロナ、アトランタ、シドニー、アテネ、北京、ロンドン、リオデジャネイロと九回のオリンピックで競い合い、毎回メダルをもたらした。

十回すべて、同じ立場を貫いてきた。選手を直接教える現場のコーチとして、六十九歳のいまもプールサイドに立っている。

完成したばかりの東京アクアティクスセンターの観客席は一万五千。

ここ東京で、自分の選手たちに降り注ぐ拍手と大歓声が、井村の耳にはもう、聞こえている。

あとがき

二〇一六年のことだった。リオデジャネイロオリンピック開幕まであと百日あまりとなった四月半ば、井村雅代さんは心底、憤っていた。

メダル候補の有力選手たちが起こした不祥事の影響もあったのだろう、ナショナルトレーニングセンター長の名前で分厚い文書が五輪代表選手やコーチのもとに送られてきたという。

そこには選手として守らなければならない社会的生活規範が事細かに書かれていた。水泳連盟からは、それを読んだうえで誓約書にサインをして提出するように求められた。

誓約書を出すのだから、内容を一字一句もらさず読んで、納得のうえでなければならない。井村さんはこれも教育だと、誓約書にサインをするという行為の重みをアーティスティックスイミング日本代表チームの選手たちにくどいほど伝え、自身も書類に丁寧に目を通していった。

驚いたことに、そこにはコーチのとるべき行動規範も記されていた。茶髪やピアス、タトゥーなどは禁止。合宿中の喫煙や飲酒も禁じられていた。

「ええトシした人をつかまえて、これはなんや」と怒りがわいた。

練習中にタバコを吸ったりお酒を飲んだりすることはありえない。しかし、たまの休日や練習が終わったあとに合宿所の外で誰かと食事をする機会があれば、お酒を飲むかもしれない。

自分の言動については全責任を負う覚悟で選手たちの前に立っている。井村さんは水泳連盟の事務局長にかみついた。「このような誓約書にサインすることはできません」と。五輪に出場するさまざまな競技のコーチたちは、社会的な経験も指導経験も豊かな人たちばかりではないか。彼らは誓約書にサインをしたのだろうか。内心ばかばかしいと思っても、大多数の人がサインをしたのではないだろうか。世の中ではそういう振る舞いができる人のことを「おとな」という。

井村さんはちがう。おかしいと思ったら黙っていられないし、おかしいと思いながら「まあ、ええわ」と従うようなことは決してない。

そのためにあちらでぶつかり、こちらでつまずき、波風を立てながら生きている。かかわる人たちからすれば「めんどうくさくて」「やりにくい」人である。

でも、私はそんな井村さんが好きだ。言いたいことを言い、おかしいと思うことはしない生き方を貫きたいのに、しがらみにからめとられて思うにまかせない。周囲を慮《おもんぱか》りながら生きている身にとっては、信念に従ってすっきりとシンプルに生きる井村さんがうらやましくもあり、敬意もわく。

ざっと十年にわたって井村さんにインタビューを重ね、練習や試合の数々を見せてもらった。痛感したのはアーティスティックスイミングという、誰もができるわけではないマイナーなスポーツにささげる愛情の深さである。

寝ても覚めても競技のことが頭から離れず、誰も見たことがない作品を生み出すために、時間が取れれば舞台や美術館、動物園などに足を運ぶ。紀元前の壁画に刻まれたエジプトの王妃像を見て「あ、この足、シンクロに向いてる」とつぶやくのを聞いたときは、思わず吹き出しそうになった。

得意なスポーツなどなく、取材でも新聞記者だったころに真夏の甲子園球場のスタンドを走り回ったことくらいしか思い出せない私が、スポーツの世界に足を踏み入れることになった。

きっかけは井村さんが指導者として中国へ赴くことになったときの日本の人々の反応である。一部のメディアやネットに「非国民」とか「国賊」などという言葉が飛び交ったのには驚かされた。選手や指導者が国境を越えて行き交うスポーツの世界ほど国際化が進んでいる分野はないと思っていたからだ。

中国へ指導に行くことの何がそんなにいけないのか、井村さんはどんな思いで中国をめざしたのか、中国の選手たちにどんな指導をしているのか、知りたい思いがふくらんだ。

おかげで北京、ロンドンと、二つのオリンピックを現地で見ることになった。テレビで見ていて、ただきれいだなとしか思わなかったアーティスティックスイミングというスポーツの過酷さ、奥深さを少し知ることができた。人間が採点することで得をしたり損をしたりする採点競技のおもしろさにもふれた。

ご本人に、あるいは縁のある人たちに話を聞いて、井村雅代さんが稀有なコーチであると確信を持った。だが、井村さんが偉業を成し遂げられたのは選手をはじめ、さまざまな人たちの支えがあったからだという事実も取材を通じて知ることができた。

選手らの体力づくり、演技を励ます音楽、人々を惹きつける力強く美しい振り付け、選手たちを一段と輝かせる水着……。

それぞれの分野の専門家が井村さんの情熱に巻き込まれ、自らの人生をシンクロさせながら力を尽くしている。

井村さんをはじめ、取材に応じてくださった方々のおかげで出版にこぎつけることができた。みなさまには、心からの感謝をささげたい。

コーチとは、乗る人を確実に目的地まで運ぶ馬車、と井村さんはよく話す。河出書房新社の野田実希子さんは、優れたコーチのように的確なアドバイスで私を目的地へと導いてくれた。

最初に原稿を読み、野田さんに引き合わせてくれたのはフリーランスのライターとして活躍している武田砂鉄《たけださてつ》さんだ。武田さんは河出書房新社の編集者だったとき、前作『アルビノを生きる』を世に出してくれた。お二人にも心からお礼の気持ちを伝えたい。

いまやスポーツがただ公正でさわやかなものだとは誰ひとり信じていないのではないだろうか。国際サッカー連盟（ＦＩＦＡ）の汚職事件、ロシア陸上界の組織ぐるみのドーピング疑惑、選手個人が起こした違法薬物事件など、不祥事は挙げればきりがない。

二〇二〇年の東京オリンピック・パラリンピック招致をめぐっても、実体のはっきりしないコンサルティング会社に日本が支払った高額の対価が賄賂ではないかと不信の目が向けられた。大きくなりすぎたオリンピックなどの国際大会は、大量の札束が動く利権の温床にもなっている。

しかし、オリンピック・パラリンピックの舞台に上がろうとしている多くの選手やコーチ一人ひとりは別だ。バドミントンの桃田《ももた》賢斗《けんと》選手が見事な人間的成長を遂げて誰からも尊敬されるアスリートになったのもスポーツの力にちがいない。選手、コーチらは黙々と重ねてきた練習を心の杖に、どのような社会情勢のもとでも子どものころからの夢を実現するため全力を尽くす。その姿が私たちの胸を打つ。

この本が、美しくも過酷なアーティスティックスイミングという競技や、それに献身する人々への関心を高める一助になるなら、こんなうれしいことはない。

川名紀美

参考文献

『愛があるなら叱りなさい』井村雅代　幻冬舎文庫　二〇〇四年
『あなたが変わるまで、わたしはあきらめない』井村雅代、松瀬学　光文社　二〇〇九年
『NHK 知るを楽しむ　人生の歩き方　井村雅代〜私はあきらめへん』日本放送出版協会　二〇〇九年
『教える力』井村雅代、聞き手・松井久子　新潮社　二〇一三年
『不屈者』「泥沼に花ありて・井村雅代」後藤正治　新潮社　二〇〇五年
『日本シンクロ栄光の軌跡』金子正子責任編集　出版芸術社　二〇〇八年
『なぜ人間は泳ぐのか？』リン・シェール　高月園子訳　太田出版　二〇一三年
『痛い腰・ヒザ・肩は動いて治せ』島田永和　朝日新書　二〇〇八年
『加油（ジャアヨウ）……！』重松清　朝日新書　二〇〇八年
『おどろきの中国』橋爪大三郎、大澤真幸、宮台真司　講談社現代新書　二〇一三年
『中国の大問題』丹羽宇一郎　PHP新書　二〇一四年
『2020年東京五輪の黒いカネ』一ノ宮美成＋グループ・K21　宝島社　二〇一四年
「越境。〜井村雅代の新たなる挑戦」『Number』696　二〇〇八年
「コネとカネ　中国社会と闘った私たち」岡田武史・井村雅代対談『文藝春秋』二〇一四年十二月号
「いまどき女子選手を鍛え直す」井村雅代・佐々木則夫対談『文藝春秋』二〇一五年十二月号
「メインスタジアムを設計するザハ・ハディッドって誰だ⁉」『カーサ　ブルータス』二〇一三年十一月号
『毎日新聞社浜寺水練学校80年史』毎日新聞大阪本社　一九八六年
『毎日新聞社浜寺水練学校90年史』同　一九九六年
『毎日新聞社浜寺水練学校100年史』同　二〇〇六年
『株式会社プランテック40年史』株式会社プランテック　二〇〇七年
『My　Way　50〜創意燃焼の五十年史』勝井征三　二〇〇八年

本書は2016年6月に小社より刊行した、
『井村雅代　不屈の魂』を文庫化したものです。

井《い》村《むら》雅代《まさよ》　不《ふ》屈《くつ》の魂《たましい》

二〇二〇年 五 月一〇日　初版印刷
二〇二〇年 五 月二〇日　初版発行

著　者　川《かわ》名《な》紀《き》美《み》

発行者　小野寺優
発行所　株式会社河出書房新社
〒一五一-〇〇五一
東京都渋谷区千駄ヶ谷二-三二-二
電話〇三-三四〇四-八六一一（編集）
〇三-三四〇四-一二〇一（営業）
http://www.kawade.co.jp/

ロゴ・表紙デザイン　粟津潔
本文フォーマット　佐々木暁
本文組版　KAWADE DTP WORKS
印刷・製本　凸版印刷株式会社

Printed in Japan　ISBN978-4-309-41746-2

栗山魂

栗山英樹　41640-3

一度たりともあきらめなかった。夢はかなえるためにある。野球選手になどなれるはずのなかった少年がプロ入りし日本一の監督になるまで。涙なくしては読めない、泥だらけの自叙伝。

三塁ベースコーチが野球を変える

澤宮優　41656-4

ゴー・ストップの得点に絡み、相手の癖、サイン、能力を見極め、十番目の選手でもありサインを送る監督代行でも。また時にその存在を超え、士気を鼓舞する。ここが野球を制する！　ノンフィクション。

永遠の一球

松永多佳倫／田沢健一郎　41304-4

プロ野球選手となった甲子園優勝投手たちの栄光と挫折――。プロ入団時の華やかさとは対照的に、ひっそりと球界を去った彼らの第二の人生とは？　愛甲猛、土屋正勝、吉岡雄二、正田樹ら七人の軌跡！

ドラフト外　這い上がった十一人の栄光

澤宮優　41260-3

多くを期待されずの入団だが、自らの可能性と技を磨いて這い上がった、島田誠／平野謙／石井琢朗／長嶋清幸／基満男／上川誠二／松本哲也／野口寿浩／大野豊／清川栄治／加藤初の野球人生。

戦火に散った巨人軍最強の捕手

澤宮優　41297-9

戦前、熊工の同期川上哲治とともに巨人に入団し、闘魂あふれるプレーでスタルヒンやあの沢村をリードした、ナイスガイ吉原。その短くも閃光を放った豪快なプロ野球人生と、帰らざる戦地の物語。

優雅で感傷的な日本野球

高橋源一郎　40802-6

一九八五年、阪神タイガースは本当に優勝したのだろうか――イチローも松井もいなかったあの時代、言葉と意味の彼方に新しいリリシズムの世界を切りひらいた第一回三島由紀夫賞受賞作が新装版で今甦る。

長嶋茂雄語録

小林信也〔編〕　41221-4

生涯を野球に捧げ、国民栄誉賞に輝いたミスターの生い立ちから、節目節目に語られた「肉体を持った言葉」（糸井重里）と画像を収録。

南海ホークスがあったころ　野球ファンとパ・リーグの文化史

永井良和／橋爪紳也　41018-0

球団創設、歓喜の御堂筋パレード、低迷の日々……南海ホークスの栄光と挫折の軌跡を追いつつ、球場という空間のあり様や応援という行動の変遷を活写。ファンの視点からの画期的な野球史。貴重な写真多数！

ああ！ 懐かしのプロ野球黄金時代

山口瞳　41170-5

プロ野球見巧者が記録した、昭和30年代からの日本シーズン、ペナント報告。川上哲治元巨人軍監督との対談や、野球狂たちとの熱血談議も収録。単行本未収録！

美女と野球

リリー・フランキー　40762-3

小説、イラスト、写真、マンガ、俳優と、ジャンルを超えて活躍する著者の最高傑作と名高い、コク深くて笑いに満ちた、愛と哀しみのエッセイ集。「とっても思い入れのある本です」——リリー・フランキー

大丈夫！　キミならできる！

松岡修造　41461-4

「ポジティブ勘違い、バンザイ！」「『ビリ』はトップだ！」「カメ、ナイストライ！」勝負を挑むときや何かに躓いたとき…人生の岐路に立たされたときに勇気が湧いてくる、松岡修造の熱い応援メッセージ！

奇跡の六番勝負

古田靖　41626-7

二十六歳でプロ棋士への道を絶たれた瀬川晶司。サラリーマンになった彼は周囲に後押しされ、三十五歳でプロ編入試験の六番勝負に挑む。映画「泣き虫しょったんの奇跡」脚本協力！　感動ノンフィクション。

歌え！多摩川高校合唱部

本田有明　41693-9

「先輩が作詞した課題曲を歌いたい」と願う弱小の合唱部に元気だけが取り柄の新入生が入ってきた——。ＮＨＫ全国学校音楽コンクールで初の全国大会の出場を果たした県立高校合唱部の奇跡の青春感動物語。

ヒーロー！

白岩玄　41688-5

「大仏マン・ショーでいじめをなくせ!!」学校の平和を守るため、大仏のマスクをかぶったヒーロー好き男子とひねくれ演劇部女子が立ち上がる。正義とは何かを問う痛快学園小説。村田沙耶香さん絶賛！

野ブタ。をプロデュース

白岩玄　40927-6

舞台は教室。プロデューサーは俺。イジメられっ子は、人気者になれるのか?!　テレビドラマでも話題になった、あの学校青春小説を文庫化。六十八万部の大ベストセラーの第四十一回文藝賞受賞作。

KUHANA!

秦建日子　41677-9

１年後に廃校になることが決まった小学校。学校生活最後の記念というタテマエで、退屈な毎日から逃げ出したい子供たちは廃校までだけ赴任した元ジャズプレイヤーの先生とビッグバンドを作り大会を目指す！

Q10　1

木皿泉　41645-8

平凡な高校３年生・深井平太はある日、女の子のロボット・Q10と出会う。彼女の正体を秘密にしたまま二人の学校生活が始まるが……人間とロボットとの恋は叶うのか？　傑作ドラマ、文庫化！

Q10　2

木皿泉　戸部田誠（てれびのスキマ）〔解説〕　41646-5

Q10について全ての秘密を聞かされ、言われるまま彼女のリセットボタンを押してしまった平太。連れ去られたQ10にもう一度会いたいという願いは届くのか——八十年後を描いたオマケ小説も収録！